QUE SAIS-JE ?

330
12
JES

AF855411

Le capitalisme

CLAUDE JESSUA
Professeur émérite
à l'Université Panthéon-Assas
(Paris II)

Troisième édition mise à jour

8e mille

PILON

VILLEBON-sur-YVETTE
Médiathèque
Municipale
91140 (Essonne)

ISBN 2 13 055684 1

Dépôt légal — 1re édition : 2001
3e édition mise à jour : 2006, mai

© Presses Universitaires de France, 2001
6, avenue Reille, 75014 Paris

INTRODUCTION

Le terme de « capitalisme », malgré sa désinence, ne correspond pas à une construction de l'esprit ou à un système théorique. Il a été forgé au XIXe siècle par des socialistes français, comme Proudhon, Pierre Leroux ou Blanqui, qui désignaient ainsi le système économique et social de leur temps, système qu'ils espéraient voir remplacé, à plus ou moins long terme, par le « socialisme ». Notons au passage que ni Marx ni Engels n'ont jamais employé précisément ce terme : ils se référaient au « mode de production capitaliste » ou à l' « économie bourgeoise », ce qui d'ailleurs revenait au même. Très vite, sous la plume des doctrinaires, ce néologisme a acquis une connotation péjorative, associé qu'il était aux notions d'injustice ou d'exploitation, au point que les auteurs libéraux lui ont substitué des expressions qu'ils estimaient plus neutres, telles que « économie de libre entreprise » ou « économie de marché ».

C'est essentiellement au XXe siècle, grâce à des historiens comme Werner Sombart en Allemagne, Henri Hauser en France, à des sociologues comme Max Weber, à des économistes tels que Schumpeter, que le terme de « capitalisme » a acquis la respectabilité académique et qu'il a fini par se dégager de l'atmosphère polémique qui en gênait l'étude et qui en faisait, comme disait François Perroux, une « notion de combat ».

Le terme même de « capitalisme » mérite cependant qu'on lui consacre une certaine réflexion. Dès le XVIIIe siècle, le mot « capitaliste » désignait un détenteur de capitaux dans sa fonction d'investisseur. Le terme était d'usage fréquent chez des auteurs de langue anglaise comme Adam Smith (1723-1790) ou comme Turgot (1727-1781) qui, dès 1766, désignait les chefs d'entreprise comme des « capitalistes entrepreneurs de culture » (c'étaient les fermiers) ou comme des « capitalistes entrepreneurs d'industrie » (il s'agissait de ceux qui étaient à la tête d'entreprises non agricoles).

Ainsi donc, le capitalisme était un système socio-économique avec pour figure dominante celle du capitaliste. Ce dernier était entendu soit comme un possesseur de capitaux qui s'efforçait de les faire fructifier en les plaçant, soit comme un entrepreneur qui décidait de les mettre lui-même en valeur dans son entreprise. Cette définition impliquait une distinction nette entre les possesseurs de capitaux (les capitalistes) et les salariés, qui ne possédaient que leurs bras. François Quesnay (1694-1774) décrivait déjà les fermiers[1] comme des « possesseurs de grands capitaux ». Après lui, les auteurs qui, comme Adam Smith, ont entrepris de dévoiler les ressorts de l'enrichissement des nations, autrement dit de la croissance économique, ont insisté d'emblée sur le rôle joué par le capital existant et par son accumulation.

Ils ont généralement admis que cette accumulation, ce que nous appelons aujourd'hui l'investissement ou la formation de capital, était réalisée par des particuliers ou par des entrepreneurs en vue d'en tirer un profit. Il s'agissait, en effet, non seulement de couvrir les coûts de production mais encore de dégager un surplus, le profit, qui serait réinvesti et permettrait ainsi à

1. Le fermier était, pour Quesnay, et même pour Turgot, l'archétype de l'entrepreneur.

l'entreprise de croître, la loi de la croissance étant celle des intérêts composés. Si l'on étend cette vue à l'échelle d'une nation, l'économie d'un pays capitaliste est considérée comme un système dont la finalité est de croître, la croissance étant celle des richesses et procédant de façon cumulative. En d'autres termes, l'état stationnaire est étranger à l'essence du capitalisme.

Précisons d'abord ce que nous entendrons par le capitalisme, afin de mieux cerner l'objet de notre étude. Il existe de nombreuses définitions de ce terme. Nous retiendrons celle de Schumpeter (1883-1950)[1] : le capitalisme se définit par l'appropriation privée des moyens de production ; par la coordination des décisions à travers les échanges, en d'autres termes par le marché ; enfin par l'accumulation des capitaux grâce à des institutions financières, autrement dit par la création de crédit. Cette définition a pour effet d'opposer le capitalisme au socialisme dans le grand conflit contemporain entre ces deux systèmes. Effectivement, Schumpeter propose une définition symétrique du *socialisme* : c'est un système caractérisé par l'appropriation collective des moyens de production. La coordination des décisions, l'affectation des ressources productives, le rythme de l'accumulation des capitaux y sont déterminés par un ensemble d'injonctions chiffrées, à savoir le Plan, lequel se substitue au marché.

Une précision paraît nécessaire : nous n'aurons pas l'occasion ici de faire allusion au « communisme ». Il s'agit en effet d'un système théorique qui, selon les propres termes de Marx dans *La critique du programme de Gotha* (1875), était censé répondre à la for-

1. J. A. Schumpeter (1942). Ces références renvoient à la bibliographie générale en fin de volume.

mule : « De chacun selon ses capacités à chacun selon ses besoins. » Sa réalisation apparaissait comme lointaine car elle supposait un développement tel des forces productives que la rareté serait abolie et que les hommes auraient un accès direct et gratuit à ce dont ils auraient besoin, sans même recourir à la monnaie. Les Russes, après l'expérience tragique du « communisme de guerre » (1918-1921), ont dû se rendre à l'évidence : le communisme était un idéal qui ne pourrait pas être immédiatement réalisé. Il faudrait donc passer par une longue phase de transition suivant la maxime : « De chacun selon ses capacités à chacun selon son travail. » Le « socialisme » fut le nom que les Russes eux-mêmes donnèrent à ce régime transitoire. Il a caractérisé l'Union soviétique et les différents « pays de l'Est » jusqu'à la fin des années 1980, même lorsque le parti unique au pouvoir portait le nom de « Parti communiste ». La définition du socialisme par Schumpeter s'y appliquait à merveille. Au début des années 1980, les spécialistes, suivant la suggestion de Léonide Brejnev lui-même, désignaient ces pays comme ceux du « socialisme réel ».

On remarquera en revanche que le régime des pays où la « social-démocratie » a pris le pouvoir (c'est notamment le cas dans plusieurs pays de l'Europe de l'Ouest et du Nord, parmi lesquels, à plusieurs reprises, la France) n'est qu'une variante du capitalisme, même lorsque le gouvernement y est exercé par une majorité dont le parti dominant s'intitule « Parti socialiste ».

C'est par l'aspect historique de la naissance et de l'évolution du capitalisme que cette étude va commencer.

Chapitre I

LES ORIGINES DU CAPITALISME : UNE ESQUISSE HISTORIQUE

L'intérêt d'aborder le capitalisme par l'histoire apparaît plus clairement lorsqu'on songe au caractère proprement révolutionnaire de ce système économique dans l'écoulement des siècles. Deux remarques nous aideront à en prendre la mesure.

David Landes[1] faisait observer que, en termes de conditions de vie matérielles, un Anglais de 1750 était plus proche d'un légionnaire du temps de César qu'il n'allait l'être de ses arrière-petits-enfants. Seconde remarque : si l'on se place par l'imagination au milieu du XVIIIe siècle, et cela reste encore largement vrai dans les premières années du XIXe, l'on s'aperçoit que le niveau de vie moyen d'un Européen, comme celui des pays islamiques d'Afrique ou du Proche-Orient, de l'Inde ou de la Chine, étaient approximativement les mêmes, ou en tout cas beaucoup plus proches qu'ils ne le devinrent par la suite. Or on était à la veille de la révolution industrielle, c'est-à-dire du plus grand bouleversement de l'histoire qui allait conduire l'Occident européen à exercer sur le monde une domination sans précédent[2].

1. David Landes (1975).
2. La même remarque a été faite par Carlo Cipolla (1976), ainsi que par Fernand Braudel (1979), p. 671, vol. 3. Cf. aussi Paul Bairoch (1993).

Dans ce chapitre, l'on s'efforcera de faire le point sur ce que nous apprend la recherche historique quant aux origines du capitalisme. Cette tâche préliminaire est en effet indispensable si nous désirons comprendre la nature de ce système et en identifier les perspectives. On y précisera la chronologie et les lignes principales d'évolution du capitalisme. À partir de quel moment de l'histoire rencontre-t-on un mode d'organisation économique et sociale que l'on peut légitimement considérer comme capitaliste ? Nous pourrons, chemin faisant, nous interroger sur le rôle de la religion, et tenter d'identifier les effets de la révolution industrielle sur la nature du système.

L'observation historique nous permet de constater que la mécanique du système de l'économie de marché fonctionnait déjà à une époque antérieure au stade industriel des sociétés. Voilà qui doit nous encourager à repérer plus loin en amont les origines du capitalisme proprement dit. Cette démarche est d'autant plus nécessaire que l'histoire de l'Antiquité nous offre le spectacle de grandes métropoles aux structures complexes, entretenant des courants d'échanges souvent très importants avec des pays voisins ou lointains. Ces courants ont irrigué non seulement la Grèce et le monde hellénistique, mais tout le pourtour de la Méditerranée jusqu'au Moyen-Orient, encadrés qu'ils furent ensuite par la puissante organisation romaine. Il serait bien surprenant que l'économie de ces pays, même dans les temps les plus reculés, n'ait pas recouru à quelques-unes des institutions les plus caractéristiques du capitalisme. Il ne saurait être question cependant de remonter si loin dans le passé. Nous nous contenterons de repérer les principales lignes de l'évolution économique de l'Occident à partir de la fin de l'Empire romain[1].

Naissance et évolution de l'économie médiévale

Les débuts du capitalisme, tel que nous l'entendons aujourd'hui et tel que nous l'avons défini, peuvent être repérés dès le Moyen Âge car la société médiévale est loin d'avoir correspondu à une civilisation homogène. Il faut, pour comprendre sa nature ainsi que les ressorts de son évolution, se rappeler que la société médiévale, en tant que forme caractéristique, a pris naissance en Europe à la suite de la chute de l'Empire romain, cette chute elle-même ayant été provoquée par les invasions barbares et par la fragilité croissante des bases économiques et sociales de la vie quotidienne. Il sera utile pour notre propos de retracer brièvement les grandes lignes de l'évolution de la société médiévale. En recherchant les causes et les modalités de son évolution et, finalement, de sa disparition, nous mettrons *ipso facto* en évidence les facteurs qui ont déterminé la naissance du capitalisme. Certes, il est indéniable qu'avant le Moyen Âge des commerçants, des chefs d'entreprise, des financiers avaient exercé leurs talents en Orient, puis en Grèce et à Rome. C'est cependant en Europe, à partir du XIIe siècle puis sans interruption, que l'on vit se développer un système socio-économique entièrement orienté vers l'accumulation des richesses et des capacités productives.

1. Le lecteur trouvera des développements très intéressants sur des civilisations plus éloignées dans l'espace et dans le temps chez Paul Bairoch (1997).

Revenons au début du Moyen Âge, c'est-à-dire à la fin de la civilisation antique.

La fin de l'ordre romain. – Les invasions barbares des IIIe, IVe et Ve siècles de notre ère ont provoqué la dislocation et la chute de l'Empire romain, mettant fin plus précisément aux structures juridiques et administratives de l'Empire romain d'Occident. L'insécurité qui, à la suite de ces invasions, régnait dans les sociétés essentiellement agraires de l'Occident incita les habitants à se réfugier soit dans un certain nombre de bourgades fortifiées, soit au pied du château de quelques propriétaires puissants (les *potentes* gallo-romains du IVe siècle, par exemple) qui, en échange de la protection qu'ils leur accordaient, exigeaient un certain nombre de prestations en nature. Les situations étaient d'ailleurs diverses ; la domination exercée par les puissants tenait parfois plus de l'extorsion brutale que d'une procédure d'échange !

On voit ainsi, en étudiant ces structures qui annonçaient celles de la féodalité, que le problème essentiel, pour les populations, était désormais celui de la sécurité des personnes et des biens ; or cette sécurité ne pouvait plus être assurée par un pouvoir impérial affaibli. La civilisation urbaine a donc fait place à des microsociétés qui, recroquevillées sur elles-mêmes, connurent une décadence marquée, laquelle se traduisit par le déclin démographique, la pénurie d'espèces monétaires et, donc, par une contraction sensible des échanges commerciaux. Ce phénomène de déclin, particulièrement sensible au Ve siècle, a affecté tout l'Empire romain d'Occident.

L'Empire d'Orient, en revanche, était resté ouvert aux échanges extérieurs, le commerce continuant de s'opérer par la Méditerranée, voie privilégiée des échanges entre les peuples. Ce n'est pas sans raison que les Romains avaient appelé la Méditerranée *Mare nostrum* : en un sens, tout l'Empire romain s'était édifié autour de la Méditerranée. Les conquêtes d'Europe, d'Afrique et d'Asie étaient destinées à protéger les marches de l'Empire et à garantir la sécurité de ses approvisionnements. En se coupant de la Méditerranée et en se repliant à l'intérieur des terres, Rome se montra donc infidèle à sa vocation historique et géographique : c'était bien là le signe de son déclin, puisqu'elle avait en quelque sorte renoncé, dans les faits, à son ancien rôle de puissance impériale.

Les grands courants d'échanges, dès lors, se sont insérés dans une configuration nouvelle. Si nous nous situons au Ve siècle, d'une part nous voyons le monde méditerranéen modifier ses grands axes, et, d'autre part, la composition même de la population de l'Europe a profondément changé avec les grandes invasions.

Les grands courants d'échange en Méditerranée ont d'abord été bouleversés du fait que Constantinople s'est progressivement substituée à Rome dans son rôle économique. Rome consacrait en effet tout ce qu'il lui restait d'énergie et de moyens à résister aux invasions. Sans prétendre faire ici œuvre d'historien en retraçant les principaux épisodes qui ont marqué l'histoire de l'Europe depuis la chute de Rome (an 476 de notre ère), nous nous contenterons de passer rapidement en revue, en en faisant une lecture économique, les principales étapes parcourues jusqu'à la révolution industrielle.

L'ordre féodal : de la défense à l'expansion. – L'Europe occidentale a donc connu, à la suite des grandes invasions et de la chute de Rome, une période de troubles où le premier souci des populations était de survivre et de se protéger contre les envahisseurs qui venaient de tous côtés. Les vestiges de l'ancien Empire romain d'Occident pourraient en effet être décrits comme les éléments d'une forteresse assiégée par des peuples divers (au IXe et Xe siècles surtout) : les uns venaient du Sud (il s'agissait des Arabes ou Sarrasins), les autres du Nord (c'étaient les Vikings ou Normands) ou encore de l'Est (les Germains et les Huns). Ces vestiges de l'Empire romain d'Occident avaient connu une sorte de renaissance, du milieu du VIIIe au commencement du Xe siècle : ce fut l'Empire carolingien, qui vit s'établir, après avoir vainement tenté de reconstituer l'Empire romain, les structures fondamentales de la société médiévale en Europe.

À partir de ces grands mouvements de population, les envahisseurs s'implantant finalement, en y faisant souche, dans les pays où ils avaient fait irruption, se constitua peu à peu la population des pays européens d'aujourd'hui. La nécessité de se protéger contre les agressions éventuelles incita les petites gens à se mettre sous la tutelle d'un protecteur puissant, au moins à l'échelon local. Les activités étaient essentiellement agricoles et répondaient principalement, au moins au début, à la nécessité d'assurer la subsistance de ces microsociétés. Elles étaient censées se suffire à elles-mêmes, ce qui explique la contraction générale des échanges à laquelle on assista, ainsi que la décadence des villes, dont la population avait littéralement fondu. Sur le plan économique, on peut décrire ce système comme celui d'une économie domaniale fermée.

Il s'institua ainsi, peu à peu, un ordre bien différent de celui qui avait caractérisé la société romaine :

ce fut l'ordre féodal, qui structura les sociétés européennes du Moyen Âge. Les principaux traits de cet ordre consistaient dans un réseau de prestations, contre-prestations et allégeances où chacun était impliqué. L'autarcie des unités domaniales, la contraction des échanges, la disparition presque complète de la monnaie en raison des comportements de thésaurisation, avaient fait du troc la modalité typique de l'échange et de la transaction. Autant dire que l'ère des marchands, et donc celle des marchés, était révolue. Les cultivateurs, les serfs, étaient désormais attachés à la personne et à la terre d'un seigneur à qui ils devaient corvées et autres prestations en nature. Celui-ci, en retour, leur devait aide et protection. Le système fonctionnait comme une assurance en nature. On pourrait pousser plus loin l'analogie en remarquant que le seigneur lui-même pouvait être dans la situation de devoir rendre hommage à plus puissant que lui, à savoir à un suzerain dont il était le vassal, ce qui constituait en somme un système de réassurance. Les liens de vassalité pouvaient ainsi s'emboîter les uns dans les autres comme autant de poupées gigognes, jusqu'à l'hommage que le plus grand seigneur rendait au roi ou à l'empereur.

La vassalité, ainsi comprise, connut une évolution significative au cours du temps : alors qu'ils avaient été initialement conçus comme un ensemble de prestations et contre-prestations personnelles et précaires, les liens de vassalité devinrent héréditaires et formèrent, pour les vassaux, le début de ce qui constitua une aristocratie, d'essence à la fois militaire et terrienne. Le plus important, en l'occurrence, c'est que l'État, au sens romain du mot, s'était dissous ou plutôt fragmenté en une multitude de seigneuries dont chacune, à son niveau, exerçait les fonctions régaliennes, et percevait les droits attachés aux fonctions telles que la défense, le contrôle des voies et des ponts, la surveillance des marchés, la police et même l'exercice de la justice. Dans l'insécurité générale qui régnait dans la société, ce système comportait des avantages pour chacun, de sorte qu'il s'étendit jusqu'à représenter la règle générale. Le principe de l'extension consistait en ceci que les hommes libres ou les petits ou moyens propriétaires apportaient (vendaient) leurs terres au seigneur, qui les leur rétrocédait à titre de fiefs, s'engageant en retour à leur assurer aide et protection. C'est ainsi qu'une nouvelle propriété s'institua. Elle aurait pu aboutir au morcellement des fiefs, si ce danger n'avait pas été tempéré par l'institution du droit d'aînesse.

Le droit de propriété, dans ce système, comporte donc un droit sur la *personne* du vassal, et c'est encore plus vrai au dernier échelon de cette société rurale : le *serf,* en effet, est attaché, avec les siens, non seulement à la personne de son seigneur mais aussi à la terre où il vit et travaille. Cela implique que tous les rapports entre maîtres et subordonnés sont régis non par de libres transactions mais par des réseaux de droits et de devoirs en *nature*. Par conséquent, la notion de *marché* est totalement absente de cette organisation ; l'économie domaniale fermée est régie par les nécessités de la hiérarchie. L'ordre féodal qui s'institua ainsi semblait remplir toutes les conditions de la stabilité. Il régna en fait sur l'Europe du IXe au XIIIe siècle (dans le cas de la France). Les trois phénomènes qui y mirent fin, ou qui du moins l'obligèrent à évoluer plus rapidement qu'on ne l'aurait cru, furent l'urbanisation, le commerce extérieur et l'expansion monétaire.

L'urbanisation. – Le passage d'une économie essentiellement rurale à une économie urbaine se fit, dans plusieurs pays d'Europe, à partir de ce que l'on a appelé parfois la *révolution communale*, mouvement qui se déroula du IXe au XIVe siècle, à des allures et suivant des modalités diverses selon les pays.

L'économie domaniale fermée, qui caractérisait le monde féodal, rencontra ses limites lorsque certains habitants des domaines féodaux éprouvèrent le désir et reconnurent la possibilité d'améliorer leur condition en s'installant dans d'anciennes villes romaines ou dans des bourgs fortifiés afin de profiter des possibilités d'échanges ouvertes par ces agglomérations. Une agglomération urbaine ou quasi urbaine se trouve en effet à la croisée de routes, en bordure d'une mer ou d'un fleuve, comprend des hommes exerçant des métiers différents, de sorte qu'on peut enfin sortir de la situation de blocage, d'autoconsommation, d'autarcie à laquelle on est condamné du fait de l'appartenance à un domaine.

Les villes étaient peu nombreuses dans l'Europe occidentale, et elles étaient de taille médiocre. Du VIe au XIe siècle, une ville était déjà considérée comme grande à partir d'une population de 5 000 habitants. Ces villes, d'autre part, étaient étroitement imbriquées dans le système féodal, de sorte que leurs habitants n'étaient parfois guère mieux lotis que les paysans, soumis qu'ils étaient à des seigneurs, laïcs ou ecclésiastiques, qui régnaient sur la cité. Parfois, une même ville pouvait être sous la coupe de plusieurs seigneuries : le duc et l'évêque par exemple, ou même le roi, comme c'était le cas à Paris. La situation pour les citadins était donc loin d'être satisfaisante, et c'est ce qui expliqua la naissance et l'expansion du mouvement communal.

On le vit peu à peu s'installer dans les villes italiennes, puis dans le midi et le nord de la France, dans les Flandres ainsi qu'en Allemagne. Dans ces villes, les bourgeois décidèrent de s'associer par un serment communal, afin d'obtenir du seigneur des privilèges et un statut qui les feraient échapper à la condition quasi servile qui avait été la leur. Le seigneur leur concédait ces avantages parfois par l'octroi d'une charte, plus ou moins facile à obtenir. Le seigneur y trouvait son compte dans la mesure où des redevances plus importantes pouvaient être prélevées sur des bourgeois dont la condition s'était améliorée. Ces derniers étaient devenus des *francs bourgeois* : ils devaient ce statut nouveau à l'application du serment communal. Celui-ci différait du serment féodal en ce sens qu'il instituait un lien entre égaux, et non pas entre un inférieur et son supérieur. On assistait donc à quelque chose d'entièrement nouveau, qui allait permettre à la bourgeoisie de prendre son essor en assumant des initiatives économiques qui étaient largement hors de sa portée dans sa condition précédente.

La survivance des villes, toutes médiocres qu'elles étaient devenues, avait donc déclenché cet afflux d'une partie des populations rurales vers ces agglomérations, et la révolution communale donna un nouvel essor au phénomène urbain. Ce mouvement se déroula suivant des modalités diverses, et ce n'est pas toujours de façon pacifique que les chartes furent octroyées. Il n'en demeure pas moins que ce mouvement tendit à se généraliser dans toute l'Europe occidentale. Il s'agissait, en somme, d'une véritable redistribution des pouvoirs : le mouvement communal mettait en place, dans les municipalités, le gouvernement des marchands pour les marchands.

Le pouvoir des marchés l'avait emporté sur les pouvoirs seigneuriaux.

Le commerce extérieur. – Nous sommes ainsi en mesure de comprendre quel rôle a joué un deuxième facteur de l'urbanisation : le commerce extérieur. En un sens, par rapport à une économie domaniale fermée, tout commerce avec une autre ville peut être qualifié d'extérieur. De tels échanges supposent déjà qu'il existe des possibilités de transports et de communications entre des villes parfois relativement éloignées les unes des autres, et même qu'un certain ordre public soit assuré, qui garantisse une sécurité raisonnable de la circulation des personnes et des marchandises. Une fois que ce mouvement est enclenché, il tend à se généraliser, comme on a vu se généraliser le mouvement communal, précisément en raison des avantages qu'il comporte pour les parties concernées. Ces avantages découlent en l'occurrence de la division du travail et des spécialisations qui s'instaurent non seulement entre les hommes envisagés sous l'angle de leurs métiers, mais encore entre des régions dont les dotations en facteurs naturels sont différentes.

On comprend dès lors que ces facteurs, qui jouent déjà dans le cas du commerce intérieur, se manifestent avec encore plus de puissance dans le commerce extérieur. Il s'établit alors des communications entre des pays autrefois demeurés séparés et ignorants les uns des autres. Les liens créés sont parfois essentiellement marchands ; ainsi commencent de se développer des villes italiennes, riveraines de la Méditerranée ou, dans le nord de l'Europe, les villes de la Hanse. En dehors de toute liaison maritime proprement dite, on voit, au cœur du continent, s'affirmer la prospérité de quelques grandes villes de foires, situées dans des nœuds de communications : ainsi en est-il de Troyes, d'Augsbourg ou de Lyon. Certains de ces liens vont se créer à l'occasion de grands mouvements historiques : c'est le cas de la conquête et des implantations arabes en Espagne, qui vont faire de Cordoue, de Tolède, de Grenade, de grandes villes marchandes. C'est aussi l'effet des *croisades,* qui vont conduire, du XIe au XIIIe siècle, les chrétiens d'Occident à la conquête des richesses du Levant.

Le cas des croisades est particulièrement intéressant par l'ampleur du mouvement lui-même et par l'importance des effets qui en ont découlé. Ce nom de « croisades » a été donné à huit expéditions militaires entreprises, du XIe au XIIIe siècle, par les chrétiens d'Occident afin de délivrer Jérusalem et les Lieux saints de la domination musulmane en en faisant la reconquête. C'est un événement extrêmement important, d'abord sur le plan psychologique, en ce sens qu'il a permis aux Européens de prendre conscience de l'essentielle unité de leur foi religieuse. C'est en effet une Europe chrétienne qui s'est lancée avec ardeur dans cette aventure : les croisés avaient la conviction d'être au service de Dieu et d'accomplir un devoir qui surpassait en éminence toute autre obligation.

D'autre part, les conséquences à plus long terme de ces croisades n'ont pas été moins importantes. Elles ont en effet acclimaté en Europe l'idée que l'esprit d'aventure était associé à l'Orient, que c'est en Orient, particulièrement en Inde, qu'il était possible de s'enrichir en se procurant des marchandises dont le seul nom faisait rêver les marchands : il s'agissait des soies, de l'ivoire, des pierres et des métaux précieux ; il s'agissait surtout des épices, qui étaient l'objet d'un commerce particulièrement fructueux. Les épices (le poivre, les clous de girofle, la cannelle, le gingembre, le safran) étaient en effet des marchandises à haute valeur spécifique par rapport à leur poids et à leur encombrement, et elles étaient particulièrement recherchées, non seulement pour leurs vertus culinaires et pour le prestige qui s'attachait à leur consommation, mais aussi pour leurs usages pharmaceutiques. Ces produits venaient surtout d'Asie, et Constantinople détenait une position dominante dans leur négoce.

Sur le strict plan économique, l'effet des croisades a été considérable. Outre l'intensification des échanges entre l'Europe et le Levant qu'on pouvait en attendre, elles encouragèrent certaines villes d'Italie (la république de Gênes, celle de Venise) à se lancer de plus en plus dans ce fructueux commerce. Les rivalités qui en découlèrent prirent souvent un aspect tragique et paradoxal : c'est ainsi que la IVe croisade (1202-1204) fut l'occasion pour les Vénitiens de déclencher un véritable raid des croisés, d'abord sur Zara (sur la côte dalmate), puis, et surtout, sur Constantinople, qui fut pillée à deux reprises (en 1204 surtout) et ne s'en remit que très difficilement, et encore partiellement, par la suite. On était bien loin de songer aux Lieux saints, mais cette expédition permit à Venise de devenir la puissance commerciale dominante en Méditerranée.

Cette expansion commerciale des États-cités italiens entraîna toute une série de conséquences économiques : les marchands engagés dans ces expéditions commerciales durent affiner leurs méthodes de gestion. C'est ainsi que l'on vit apparaître la comptabilité en partie double à Florence, dès la fin du XIIe siècle, jusqu'à ce qu'elle fût codifiée à Venise par Luca Paccioli en 1495. D'autre part, l'importance des capitaux qu'il fallait mobiliser pour ces opérations, et le nombre des marchands et des pays qui y étaient impliqués furent à l'origine d'un développement bancaire sans précédent, ainsi que d'innovations juridiques comme la constitution de sociétés commerciales ou encore le développement des contrats d'assurance, toutes innovations qui avaient notamment pour but, et en tout cas pour effet, de contourner la prohibition canonique du prêt à intérêt.

D'autre part, les croisades furent une cause indirecte de la transformation du système féodal. Partir pour la croisade coûtait en effet fort cher aux seigneurs qui s'engageaient dans cette expédition. Ils étaient souvent obligés, pour se procurer de l'argent, de vendre des terres, qui sortaient ainsi du régime seigneurial, ou encore de concéder, moyennant finances, des chartes de franchise aux villes placées sous leur dépendance. Ils contribuaient ainsi à l'urbanisation de la société.

Si l'on vit ainsi s'accélérer la circulation des hommes et des marchandises, et surtout si l'on put voir dans le grand commerce le moyen le plus sûr de s'enrichir rapidement, il n'est pas surprenant qu'un nombre de plus en plus grand de marchands, de banquiers, d'armateurs se soient engagés dans ces activités. Certes, ces opérations comportaient des risques importants, dus à l'insécurité des transports ou des régimes politiques, aux incertitudes de la navigation ; cependant, une seule expédition réussie pouvait faire la fortune d'un marchand. La tentation était donc grande, pour les esprits les plus aventureux, de se lancer dans ces audacieuses entreprises, et même de prendre le grand large.

L'ouverture au monde

Prendre le grand large... Cette dernière idée s'est imposée d'autant plus que l'on commençait de ressentir en Europe une pénurie de métaux précieux, l'or et l'argent, nécessaires pour payer au moins partiellement les marchandises importées d'Orient. Or les mines européennes ne suffisaient plus à fournir les métaux indispensables pour battre monnaie.

Les grandes découvertes

C'est en effet vers la fin du XVe siècle que l'on commença d'assister aux *grandes découvertes* géographiques qui firent accéder les Européens à des terres jusque-là inconnues, ou qui facilitèrent leur accès à des terres qui ne pouvaient jusqu'alors être atteintes que par des voies en partie terrestres. Ces découvertes eurent toutes un trait commun : il s'agissait, pour les navigateurs, de trouver une voie maritime vers les Indes, évitant ainsi une rupture de charge et échappant à l'hostilité des Turcs qui, depuis la prise de Constantinople (1453), s'étaient rendus maîtres du commerce en Méditerranée orientale.

Plusieurs facteurs rendirent possibles ces expéditions : tout d'abord, les progrès de la construction navale, qui mirent à la disposition des navigateurs des bâtiments désormais pourvus de gouvernails, capables d'affronter les océans ; en second lieu, l'usage de la boussole et les progrès de l'astronomie nautique ; enfin, l'hypothèse (remontant à Ptolémée) suivant laquelle la Terre était une sphère, ce qui incita des navigateurs à chercher vers l'ouest, par des voies océaniques, ce qu'ils savaient ne pas pouvoir trouver à l'est puisque la Méditerranée était une mer fermée.

C'est ainsi qu'en 1492 un navigateur génois parti d'Espagne, Christophe Colomb, termina sa course en Amérique centrale, ne se rendant pas compte qu'il venait de découvrir un continent nouveau, alors qu'il croyait avoir touché terre au large du Japon et de la Chine, et avoir ainsi trouvé une route vers les « Indes occidentales ». Les premiers grands découvreurs de voies nouvelles furent donc des riverains de l'océan Atlantique, en premier lieu des Portugais et des Espagnols. Les Portugais, en particulier, eurent l'idée de longer les côtes atlantiques de l'Afrique, allant bien au sud de l'Équateur, jusqu'à ce qu'en 1497 Vasco de Gama doublât le cap de Bonne-Espérance, poussant son voyage jusqu'à Calicut (l'actuelle ville indienne de Kerala).

Du côté de l'ouest, l'exploration de l'Amérique par les Espagnols et les Portugais se poursuivait. Ainsi fut accomplie la conquête du Mexique, de la Colombie, du Pérou par les Espagnols, du Brésil par les Portugais. L'apogée de ces grandes découvertes fut atteint lorsque, en 1520, Magellan découvrit le passage maritime entre l'océan Atlantique et le Pacifique, et atteignit les îles Philippines. Si Magellan perdit la vie au cours de ce voyage, l'un de ses compagnons allait, en doublant le cap de Bonne-Espérance, retrouver Séville (1523). Pour la première fois, des hommes avaient donc fait le tour du monde. Suivant la formule que Paul Valéry allait lancer quatre cents ans plus tard, « l'ère du monde fini » avait commencé.

Les conséquences de cette expansion commerciale sur les économies européennes allaient être considérables. Sur le plan intellectuel, les esprits les plus lucides en Europe prenaient conscience que le monde était un et que l'Europe n'en était pas nécessairement le centre, expression qui n'avait désormais plus de sens et qui allait à l'encontre de vérités que l'Église, en particulier, considérait comme des articles de foi. Sur un plan plus économique, on s'apercevait que les grandes expéditions commerciales étaient de plus en plus coûteuses et qu'elles exigeaient donc la mobilisation de capitaux importants. C'est là un facteur propre à expliquer l'avènement de places financières de plus en plus puissantes et de plus en plus capables de fournir les services portuaires et bancaires que réclamait désormais le grand commerce.

Les premiers à exploiter ces possibilités nouvelles furent les marchands, armateurs et banquiers italiens : les Génois, et surtout les Vénitiens, furent en effet les premiers à tirer profit des mouvements accrus des trafics et des transports (y compris les transports de personnes) que provoquèrent les croisades. La IVe croisade, en particulier, leur permit de se débarrasser de leurs rivaux byzantins et saloniciens, occupant ainsi une position d'éminence dans le grand commerce méditerranéen. On vit ainsi les banquiers florentins développer des comptoirs commerciaux et des activités de banque et de changes tout autour du Bassin méditerranéen et jusqu'à Avignon, Lyon, Paris, Bruges, Londres. Même des ordres monastiques devinrent, à l'occasion des croisades, de grands manieurs de capitaux, allant jusqu'à consentir des prêts aux souverains : ce fut le cas de l'ordre du Temple jusqu'à ce que Philippe le Bel mît fin à son existence.

Ces grands mouvements du commerce extérieur ne se limitèrent pas à la Méditerranée ni aux relations commerciales avec l'Orient. On vit en effet un commerce important se développer en mer du Nord et sur la Baltique, impliquant les villes de la Hanse, qui formèrent la Ligue hanséatique, dont la prospérité se maintint surtout du XIIIe au XVIe siècle. Ces villes, essentiellement portuaires, comme Reval, Lübeck, Hambourg, Brême, Rostock, Stettin, Dantzig, Königsberg, s'associèrent à des centres situés à l'intérieur des terres, comme Cologne, Breslau, Magdebourg, Cracovie, établissant encore des comptoirs à Bruges, Bergen, Londres, Novgorod, régnant ainsi sur le commerce entre l'Europe centrale, la Scandinavie, l'Europe du Nord et la Moscovie.

La guerre de Trente ans porta toutefois un coup fatal à la Hanse. Son déclin, comme celui de la république de Venise, avait d'ailleurs commencé avec l'effet des grandes découvertes espagnoles et portugaises, qui avaient consacré la prééminence des pays riverains de l'océan Atlantique par rapport aux pays riverains de ces mers fermées qu'étaient la Méditerranée et la mer Baltique. Il n'en demeure pas moins que, du temps de leur prospérité, ces zones commerciales furent le théâtre d'un développement considérable des techniques commerciales, comptables et bancaires. C'est d'ailleurs ce que nous allons voir en abordant le troisième facteur qui, conjointement à l'urbanisation et au commerce extérieur, détermina l'essor d'un capitalisme commercial et financier : l'expansion monétaire et bancaire.

L'expansion monétaire et bancaire

On voit en effet le monde économique changer totalement d'aspect. Nous avions affaire à des sociétés rurales, repliées sur elles-mêmes, où l'autoconsommation agricole tenait une place dominante, où les échanges monétaires n'avaient qu'une importance marginale en comparaison des échanges en nature. Or nous passons à une société ouverte sur l'extérieur, et même ouverte sur le reste du monde. Dans cette société nouvelle, les relations hiérarchiques du pouvoir seigneurial tendent à être remplacées par des relations marchandes. Les fortunes peuvent n'être plus uniquement terriennes : elles commencent à revêtir une apparence plus abstraite, dématérialisée, se présentant comme des sommes de monnaie, et même comme des sommes algébriques, l'excédent des créances sur les dettes. Un des facteurs qui expliquent cette transformation réside précisément dans la croissance des moyens de paiement qui sont apparus sur les marchés. Essayons de caractériser cette évolution.

On se rappelle que, après la chute de l'Empire romain d'Occident, les espèces monétaires, particulièrement les pièces d'or et d'argent, avaient pratiquement disparu de la circulation car elles étaient l'objet d'une thésaurisation extrêmement importante. Au cours du XIIIe siècle, la reprise du grand commerce avec l'Orient à la suite des croisades provoqua la réapparition des pièces d'argent, et même des pièces d'or. Ces dernières provenaient surtout des échanges avec l'Afrique et avec les pays musulmans d'Orient. Il faut bien reconnaître, cependant, que l'or était encore rare par rapport aux besoins du commerce, de sorte qu'on eut recours à différents moyens pour surmonter cette pénurie.

En premier lieu, on eut fréquemment recours à la dévaluation, procédé qui consistait à réduire la teneur en or des pièces frappées, ce qui évidemment en réduisait la valeur. Le deuxième type de procédé résidait dans le recours au crédit ; ou bien il s'agissait de crédit proprement dit, c'est-à-dire d'avances ou de prêts consentis par un fournisseur ou par un banquier à son client, ou bien l'on avait affaire à des procédures de compensation ou à des émissions de traites ; autrement dit, à l'émission de monnaie scripturale. C'est bien pourquoi les banquiers italiens de Lucques, de Gênes, de Florence ou de Venise, ou encore les Fugger à Augsbourg, jouèrent un rôle si important dans l'expansion du grand commerce. Chacune de ces maisons de banque ou de commerce disposait d'un réseau de correspondants dans les principales places commerciales d'Europe, condition impérative de l'envergure de leurs opérations.

Les grandes découvertes maritimes vinrent renforcer cette évolution. Dans une large mesure, d'ailleurs, ces découvertes furent souvent motivées par l'espoir de découvrir de l'or et de l'argent dans les terres nouvellement conquises. C'était surtout vrai des Espagnols : dans la première moitié du XVIe siècle, ils importèrent en Europe, à partir des Antilles, puis du Mexique, du Pérou, de Colombie, une centaine de tonnes d'or, auxquelles vinrent s'ajouter d'énormes quantités d'argent dans la seconde moitié du siècle : la production annuelle se monta à près de 200 t à partir de 1580. Un peu plus tard, au cours du XVIIe siècle, l'or du Brésil vint s'ajouter à l'or et à l'argent importés en Europe par les Espagnols.

Dès la seconde moitié du XVIe siècle, l'effet de ces importations de métaux précieux à usage monétaire se fit sentir en Europe. On enregistra en effet une hausse générale des prix sans précédent, ce qui fut l'occasion des premières formulations de la théorie quantitative de la monnaie, ainsi qu'on le vit en 1568 lors de la controverse qui opposa Jean Bodin à M. de Malestroit. De manière plus générale, l'expansion monétaire et bancaire détermina le passage à une économie mondialisée où les places commerciales et financières communiquent entre elles et où la réputation des opérateurs conditionne le crédit qu'on peut leur accorder. L'on vit ainsi s'affirmer, au cours des XVIe et XVIIe siècles, la prépondérance de places qui furent successivement Venise, Gênes, Séville, Barcelone, Lisbonne, Anvers, Amsterdam, Londres, la tendance traduisant de façon de plus en plus évidente la primauté des océans par rapport à cette mer fermée qu'était la Méditerranée. C'est, d'une part, l'essor des transports maritimes qui a déterminé cette évolution ; c'est, d'autre part, le mouvement *cumulatif* des connaissances, des qualifications professionnelles, des capitaux (lesquels procèdent nécessairement par accumulation) qui a provoqué l'émergence des grandes puissances économiques de chaque époque.

On remarque que les traits distinctifs principaux du capitalisme se trouvent désormais présents : progrès cumulatifs des richesses, rationalité de la conduite des affaires par l'utilisation des réseaux de communications, par la comptabilité, par le raffinement des opérations bancaires, par l'attention prêtée à cet indicateur de succès qu'est le profit, esprit d'aventure et aussi d'indépendance à l'égard des pouvoirs centraux ou des pouvoirs locaux. Il s'agissait, en somme, d'une véritable révolution commerciale et financière qui s'était déroulée du XIIe au XVIIIe siècle, consacrant la fin du Moyen Âge et l'avènement des Temps modernes. Or, c'est au cours du XVIIIe siècle que le monde va être bouleversé par un événement dont on ne percevra que plus tard la signification : la *révolution industrielle*.

La révolution industrielle

Cette expression désigne l'ensemble des améliorations rapides dont ont bénéficié les techniques de production dans les manufactures à partir du XVIIIe siècle, surtout à partir des années 1770. Si Kuznets (1966) situe le début de la révolution industrielle en 1760, il faut bien reconnaître avec Angus Maddison (1995) qu'elle n'est guère perceptible sur les données chiffrées qu'à partir de 1820. Nous aurons l'occasion de cerner l'importance quantitative du phénomène. Encore faut-il en préciser la nature. David Landes (1998) propose les trois principales caractéristiques suivants : 1 / la substitution des machines au savoir-faire et à l'effort humains ; 2 / la substitution des sources inanimées d'énergie aux sources animales ; 3 / la substitution de matières premières nouvelles et plus abondantes, en particulier de matières minérales et éventuellement artificielles, aux substances végétales et animales.

Si nous essayons de prendre un peu de recul, nous nous apercevons que cet ensemble d'événements a été lui-même précédé par une longue évolution, qui s'est déroulée sur plusieurs plans, et que cette évolution a abouti à mettre en évidence tous les éléments constitutifs du capitalisme. On comprendra dès lors pourquoi les pays européens ont été le théâtre de la révolution industrielle, et pourquoi, en Europe, certains pays (Grande-Bretagne, France, Pays-Bas) en ont été les éléments moteurs, alors que d'autres (Espagne, Portugal) restaient à l'écart de ce grand mouvement.

Que le stade pré-industriel n'ait pas été étranger au progrès technique apparaît clairement déjà à la simple lecture des statistiques, si imparfaites soient-elles (Maddison [1995], p. 17). Le PIB mondial par habitant (en dollars, 1990) y est passé de 565 en 1500 à 651 en 1820, mais à 5 145 en 1992. L'on voit donc immédiatement qu'entre 1820 et 1992 quelque chose d'entièrement nouveau s'est produit, qui a propulsé l'économie planétaire vers des taux de croissance que l'on n'avait jamais connus. Qu'est-ce qui a déterminé ce décollage ? Pourquoi s'est-il produit, au départ, dans certaines zones du globe et pas dans d'autres ?

Les causes du décollage. – Sur le plan des comportements, l'esprit d'indépendance et de responsabilité personnelle s'est développé par réaction contre le pouvoir royal ou seigneurial absolu ; cela impliquait non seulement une volonté d'indépendance et d'affranchissement de la part des francs bourgeois, mais également des structures juridiques adéquates : système de droits de propriété, de libres contrats, tribunaux de l'ordre judiciaire propres à protéger les particuliers contre l'arbitraire des princes en intégrant les princes eux-mêmes dans l'état de droit. Cela supposait aussi une évolution des esprits de nature à remettre en question une grande partie des attitudes de soumission et de respect à l'égard des autorités et des vérités établies.

Deux phénomènes ont joué un rôle capital de ce point de vue : la Réforme au XVIe siècle et la révolution scientifique au XVIIe. Nombreux sont les ouvrages (de Max Weber à Tawney) qui ont été consacrés aux relations entre l'éthique protestante et les comportements économiques. Sans contester la pénétration de certaines analyses, celles de Max Weber en particulier, on sera tenté d'en limiter la validité générale en se rappelant quel rôle ont joué, à la fin du Moyen Âge, les marchands, les banquiers, les navigateurs italiens, espagnols et portugais. Il faut aussi tenir compte du bouleversement intellectuel provoqué par les grandes découvertes de terres inconnues, ainsi que par la révolution copernicienne en astronomie. Ces bouleversements aboutissaient à rejeter ce qui apparaissait désormais comme l'illusion européocentrique et comme l'illusion géocentrique.

D'autre part, on peut constater, du point de vue plus matériel de l'évolution des techniques, que l'Europe avait vu apparaître, dès le Moyen Âge, outre le progrès de l'agriculture, une multitude d'inventions qui s'étaient combinées et renforcées mutuellement pour dessiner les traits les plus caractéristiques de la modernité dans l'ordre de la production (J. Gimpel [1975]). Un grand mouvement en assurait l'application rapide et les destinait à être utilisées par le plus grand nombre. Ce fut le cas des moulins à eau, utilisés notamment dans l'industrie de la papeterie, ou des progrès de l'optique – utiles à la fabrication de verres correcteurs ou d'instruments destinés à l'observation. Ce fut le cas encore de l'imprimerie et des instruments de mesure de précision (D. Landes [1998], chap. 4). Toutes ces inventions eurent pour effet de rendre possibles par la suite des productions de masse et la définition de normes auxquelles les fabrications auraient avantage à se conformer.

L'inégalité des nations. – Quant à la seconde question : savoir pourquoi ces développements se sont produits dans certains pays, ou certaines civilisations, et pas dans d'autres, elle mérite d'autant plus d'être posée que, si l'on se situe au XVIIIe siècle, les principaux groupes de pays (Europe occidentale, Islam, Inde, Chine, Japon) se trouvaient à un niveau économique très comparable si l'on se fonde sur le produit par tête. Or on peut noter qu'en particulier les Arabes et les Chinois avaient depuis longtemps inventé certains des procédés, des produits ou des méthodes dont la conjonction a déterminé la révolution industrielle en Europe. Comment se fait-il donc que ces peuples soient en quelque sorte restés sur place, alors que l'Europe occidentale était le théâtre d'une véritable mutation dans son appareil de production, mais aussi dans les mentalités et dans l'attitude des hommes dans les rapports sociaux – des hommes confrontés aux tâches matérielles de la vie quotidienne ?

Il n'y a certes pas de réponse précise et rigoureuse à de telles questions. On peut cependant hasarder quelques hypothèses. Si l'on prend le cas de la Chine, qui a été analysé de façon lumineuse par D. Landes (1998), il est frappant de constater qu'elle avait devancé les Européens dans des domaines importants comme la fabrication du papier, l'horlogerie, l'imprimerie, l'invention de la poudre, les constructions navales, la navigation elle-même puisqu'on trouve la trace de l'utilisation de la boussole dans des documents chinois datant du XIIe siècle. On peut alors se demander pourquoi la civilisation chinoise s'est laissé distancer dans tous ces domaines par l'Europe. Dans chacun des domaines cités, il existe une explication possible.

D'une façon générale, il ressort de l'étude de ces innovations que leur exploitation s'est heurtée à des barrières largement dues à l'existence d'une administration impériale lourde et complexe, à l'absence d'un véritable système de marché et de droits de propriété. D'autre part, la motivation qui avait poussé les Européens à aller chercher en Orient ce qu'ils savaient ne pas pouvoir trouver chez eux était évidemment absente dans le cas de la Chine. Par-dessus tout, les Chinois considéraient leur empire comme le centre du monde et ils n'éprouvaient aucune curiosité envers ce qui se passait à l'extérieur. Les conditions de la stagnation économique se trouvaient ainsi réunies.

Le cas de l'Islam n'est pas moins instructif. Les Arabes avaient dominé les sciences, la philosophie, la médecine, du VIIIe au XIIe siècle. Ils avaient fait de leurs conquêtes ibériques des régions hautement civilisées, voire raffinées, où s'épanouissaient les arts, le commerce, les disciplines de la pensée. Les Arabes, jusqu'au XIe siècle, nouèrent en Espagne des échanges culturels très riches, au point qu'ils permirent aux chrétiens de reprendre contact avec une partie de leur héritage grec. Tout cela était plus que prometteur, mais c'est précisément au cours du XIe siècle que les capacités créatrices de l'Islam furent subitement taries par des zélotes qui prirent en main les enseignements scientifiques et religieux. Ils manifestèrent la plus grande méfiance, jusqu'au rejet, à l'égard des apports culturels de l'Occident.

Cette fermeture sur soi fut à l'origine du long déclin économique du monde islamique, ce qui nous permettra de remarquer que, pour l'Islam comme pour la Chine, c'est le refus des contacts avec l'extérieur qui a conduit à la stagnation de ces deux civilisations brillantes. C'est au contraire l'esprit d'aventure et l'ouverture sur l'extérieur qui ont déclenché en Europe une expansion sans précédent. On notera d'ailleurs que cette ouverture avait déjà commencé avec l'humanisme de la Renaissance puisqu'il s'agissait pour les chrétiens de reprendre contact avec les grandes créations littéraires, philosophiques, artistiques de l'Antiquité, malgré tout ce qui les séparait des normes de l'Église.

À ces considérations, il faut sans doute ajouter que l'on a vu s'affirmer en Europe cette séparation du temporel et du spirituel qui a été éminemment favorable à l'esprit de libre examen et, par conséquent, à l'épanouissement de la pensée philosophique et à l'essor des sciences.

On pourrait poursuivre l'investigation et se demander pourquoi, dans l'Occident chrétien, certains pays qui avaient été à la pointe des grandes découvertes maritimes – tels l'Espagne et le Portugal – se sont largement laissé distancer ultérieurement par des pays comme l'Angleterre, la Hollande et même la France. On tend généralement à considérer que cette relative décadence des pays ibériques est due au fait que, ayant découvert des trésors dans les terres nouvelles, ils se sont contenté d'en jouir comme d'une rente sans les utiliser à des fins productives. C'est en somme l'illusion mercantiliste qui les a poussés à considérer ces trésors comme des richesses économiques et à se reposer sur leurs lauriers.

Les modalités de la révolution industrielle. – Pour en revenir à la révolution industrielle proprement dite, nous noterons simplement ici quelques caractéristiques principales de ce phénomène. Tout d'abord, son ampleur : jamais on n'avait vu la productivité par tête s'accroître dans de telles proportions. Par exemple, en une cinquantaine d'années la productivité dans les filatures a été multipliée par plusieurs fois mille ; dans le même laps de temps, elle a été multipliée par plusieurs fois cent dans le tissage, dans la fonderie, dans la fabrication des chaussures. Les innovations se réalisèrent surtout dans l'énergie : en particulier, l'utilisation du charbon, puis de la machine à vapeur mirent à la disposition des entreprises une puissance de production qui surpassait tout ce que l'on avait enregistré dans le passé.

Rien de tout cela n'était planifié ; les entreprises réagissaient au fur et à mesure des sollicitations du marché, et des interconnexions apparurent spontanément en fonction des nécessités entre des industries variées, telles la mécanique et le textile, la sidérurgie et la mécanique, les transports ferroviaires et le développement industriel général. On vit ainsi, au fur et à mesure qu'une branche se développait, apparaître des goulots d'étranglement ; par exemple, les filatures s'étant mécanisées, les tissages ne pouvaient plus absorber le surplus de leur production et étaient donc incités à innover et à mettre en œuvre de nouveaux métiers à tisser, eux-mêmes mécanisés et mus par des machines à vapeur. Cela devint un trait général de la production industrielle : les progrès y étaient *cumulatifs,* s'effectuaient par une série de déséquilibres rattrapés (Hirschman, [1958]) et les innovations y apparaissaient en grappes. C'était la pression de marchés concurrentiels qui obligeait ainsi les entreprises à s'adapter à des situations nouvelles.

Le rôle croissant des banques. – Nous avions vu, au cours des phases précédentes, apparaître et s'affirmer le rôle des banques dans le courant des affaires. Ce sont elles qui permettaient de concentrer et de mobiliser les capitaux nécessaires aux entreprises, en particulier dans le financement du grand commerce. Bien entendu, avec l'industrialisation, les banques sont en situation de jouer un rôle accru dans le financement de l'industrie, au moins aussi gourmande de capitaux que le commerce maritime. Ainsi apparaissent, tout au long du XIXe siècle, des banques d'investissements et des banques d'affaires, dont la clientèle est composée d'entreprises, puis, un peu plus tard, les banques de dépôts, qui transforment l'épargne des ménages et des entreprises en investissements à plus long terme. Cette distinction entre types de banques s'applique avec plus ou moins de rigueur suivant les pays.

L'organisation générale de la production. – L'organisation générale de la production est elle-même affectée au premier chef par tous ces changements car les nouvelles méthodes de production mettent largement fin aux pratiques du travail à domicile de la *cottage industry*. L'institution du salariat, la concentration de la main-d'œuvre dans de vastes ateliers s'étend au point de devenir la règle dans l'industrie : cela s'explique surtout par l'importance des capitaux exigés pour monter une entreprise moderne, dotée de tous les perfectionnements techniques nouveaux, efforts qui ne sont plus à la portée d'une famille de travailleurs à domicile. Cela s'explique aussi par la discipline désormais requise d'un ensemble de travailleurs dont les efforts doivent être coordonnés pour profiter au maximum des avantages de la division du travail. En cela, la révolution industrielle a été un phénomène typiquement capitaliste, dont aucun autre type d'organisation n'aurait pu être le théâtre.

Le résultat de ces transformations fut que l'on se trouva transporté dans un monde nouveau. Marx écrivait, dans son *Manifeste communiste* (1848) : « La bourgeoisie, pendant sa domination d'à peine une centaine d'années, a créé des forces productives plus massives et plus colossales que ne l'avaient fait toutes les générations précédentes mises ensemble. » Si l'on essaie de caractériser ces transformations, on peut d'abord remarquer que la part des produits manufacturés dans la consommation des familles est désormais plus importante ; de ce fait, l'orientation de la main-d'œuvre par branche s'en est trouvée modifiée : dans le Royaume-Uni, il ne restait plus que 12 % de la population active dans l'agriculture en 1912 et 5 % en 1951. La France a été beaucoup plus lente à s'industrialiser ; les pourcentages d'agriculteurs ont été de 60 % en 1789, 55 % en 1866, 31 % en 1951, 12,7 % en 1972 et 5 % en 1994.

Autre effet de la révolution industrielle : il s'agit de la transformation des conditions de vie des hommes. En longue période, l'on constate qu'un nombre croissant de consommateurs ont pu désormais accéder à des biens qui leur étaient autrefois inaccessibles, bénéficiant ainsi, enfin, des effets du progrès technique. Il ne faut pas se dissimuler cependant que les changements des modes de vie et de travail qui ont été imposés brutalement aux catégories sociales les plus modestes ont aggravé de façon souvent tragique les conditions d'existence d'une grande partie de la population au début du processus de l'industrialisation. C'est ainsi que s'est posée la « question sociale » au XIXe siècle et que sont apparues, sur fond d'importants mouvements sociaux, les doctrines socialistes dont l'effet se prolonge encore de nos jours.

Nous devons enfin prendre en compte le fait que la nature même des mouvements économiques généraux, ainsi que les rythmes qui en scandent le déroulement, se sont profondément modifiés. Avant la révolution industrielle, les nations européennes étaient essentiellement agricoles ; c'étaient donc les temps et contretemps de la production agricole qui marquaient la conjoncture. Désormais, ce sont les mouvements de l'industrie et du crédit qui vont gouverner les rythmes de l'activité économique. Retenons en tout cas de l'esquisse historique qui précède que la naissance et le développement du capitalisme n'ont été possibles que grâce à l'ouverture des régions et des nations les unes aux autres, à l'émancipation des producteurs à l'égard des pouvoirs locaux, à l'émancipation des esprits à l'égard des Églises, à la substitution des opérations en monnaie aux opérations en nature. Ces différents aspects se commandaient les uns les autres ; c'est en somme à l'étude de ces liaisons que cette esquisse historique était consacrée.

Chapitre II

LES RYTHMES DE L'ACTIVITÉ ÉCONOMIQUE

Contrastes entre les périodes

Si l'on considère le déroulement de l'activité économique de 1820 à nos jours, on est frappé de constater qu'il n'est pas uniforme, à vitesse constante. Angus Maddison ([1982], chap. 4, et [1995], chap. 3) a identifié cinq phases distinctes, dont chacune comporte des traits spécifiques par rapport aux autres. Énumérons-les : il s'agit des périodes 1820-1870 ; 1870-1913 ; 1913-1950 ; 1950-1973, et de 1973 à nos jours. Cette périodisation n'a pas été faite à partir d'hypothèses théoriques mais uniquement sur la base de ce qu'on sait du contenu historique de chacune de ces phases et du taux de croissance (du PIB ou du PIB par tête) qui les caractérise. Maddison a employé une méthode empirique qui se rapproche beaucoup de celle qu'avait adoptée le NBER dans les années 1940, sous la direction de Burns et Mitchell (1946), pour identifier les cycles de référence, c'est-à-dire les cycles de l'activité économique générale. On remarque tout de suite que les phases identifiées tendent à se raccourcir, ce qui ferait penser à une certaine « accélération de l'Histoire ». En ce qui concerne l'Europe occidentale, les taux moyens annuels de croissance du PIB réel par habitant (en pourcentage) ont été de 1,0 pour 1820-1870 ; 1,3 pour 1870-1913 ; 0,9 pour 1913-1950 ; 3,9 pour 1950-1973 ; 1,8 pour 1973-1992, soit 1,8 pour l'ensemble de la période 1820-1992.

Quant aux caractéristiques historiques de chacune de ces phases, on peut noter que la phase I (1820-1870) correspond à l'industrialisation progressive de la zone considérée. Nous avons donc affaire à la manifestation de la révolution industrielle, à quoi il faut ajouter la libération des échanges extérieurs. On note ainsi que le commerce extérieur a progressé quatre fois plus vite que la production mondiale.

La phase II (1870-1913) a été relativement calme mais elle a coïncidé avec une grande prospérité, correspondant à la diffusion planétaire des progrès techniques, à la grande mobilité des facteurs de production (les capitaux aussi bien que les hommes) et au progrès des communications et des transports. On doit aussi remarquer que c'est un régime libéral qui prévalait dans la plupart des pays, en ce sens que les lois du libre échange continuaient d'être appliquées, que les pays avaient adopté l'étalon-or avec un régime de changes fixes. Enfin et surtout, les gouvernements n'intervenaient quasiment pas dans l'économie ; les dépenses publiques (ainsi, par conséquent, que les prélèvements) étaient donc réduites et l'État se contentait d'exercer ses attributions régaliennes du maintien de l'ordre, de la défense et de l'instruction publique.

La phase III (1913-1950) a été tragique car elle a été marquée par deux guerres et une crise mondiales. On pourrait presque la caractériser en prenant le contre-pied de la phase précédente : le libre-échange a été remplacé par le protectionnisme, l'économie libérale par l'économie de guerre, puis par l'économie dirigée. Plusieurs nations européennes se sont dotées de régimes totalitaires. Enfin, la préparation de la seconde guerre mondiale a mobilisé des ressources que les utilisations civiles ne suffisaient plus à employer. La guerre de 1939-1945 est survenue, provoquant non seulement un nombre énorme de victimes et des destructions matérielles massives, mais aussi une redistribution des cartes économiques qui avait déjà été largement amorcée à la suite de la première guerre mondiale ; redistribution des richesses et de la puissance économique au profit des États-Unis, dont le territoire avait été épargné et qui avaient mis dans la bataille toutes les ressources de leur appareil productif et de leur capacité d'innovation technique, tandis que les nations européennes belligérantes étaient sorties très appauvries de ces deux conflagrations.

C'est la phase IV (1950-1973) qui a correspondu à ce que Jean Fourastié avait appelé les « Trente Glorieuses » (elle a été en fait un peu plus courte que la période à laquelle se référait Fourastié), phase de rattrapage qui a constitué, pour les pays occidentaux, un véritable âge d'or de l'histoire économique. Cette période est dominée par l'élan déclenché par les besoins de la reconstruction après un conflit particulièrement tragique, par le début de la « guerre froide » entre l'Est et l'Ouest, et par la solidarité qui en a résulté entre les nations européennes occidentales et les États-Unis, solidarité qui s'est notamment traduite par le plan Marshall et par la volonté des gouvernements américains successifs d'assumer des responsabilités mondiales non seulement en matière de défense, mais aussi dans l'ordre économique.

Les États-Unis prirent ainsi l'initiative de la mise en place des dispositifs institutionnels propres à favoriser une économie de libre-échange. Ils incitèrent également les pays de l'Europe occidentale à constituer des zones régionales de coopération économique ; cet effort aboutit à la création de la Communauté économique européenne. Des institutions comme le FMI, la Banque mondiale, l'OECE puis l'OCDE ont joué un rôle positif dans ce domaine. Au cours de cette période de rattrapage, les pays européens et les pays d'Asie ont particulièrement profité de ce mouvement ; les taux de croissance de leurs investissements matériels et humains, ainsi que le taux de croissance des échanges internationaux (8,6 % par an pour l'Europe occidentale) en portent témoignage.

Pendant ce processus, les États-Unis ont constamment servi de modèle, aussi bien en matière d'investissements et de progrès technique qu'en matière de méthodes de gestion et de politique économique. D'autre part, la période en question a vu s'instaurer les politiques de protection sociale que l'on a souvent désignées comme celles de l'« État-providence » (le *welfare state*) et, d'une façon plus générale, des politiques de la demande globale d'inspiration keynésienne. Ainsi se sont mis en place des « stabilisateurs automatiques » et des politiques de stabilisation conjoncturelle, au point que la notion de cycle semblait être devenue obsolète, en ce sens que désormais seuls les taux de croissance fluctuaient, sans cesser d'être positifs. C'est au cours de cette phase que l'on vit s'amorcer un grand mouvement d'ouverture des frontières économiques entre les pays, mouvement caractérisé par l'abandon progressif de pratiques telles que le contrôle des changes. L'on voyait s'affirmer la tendance à la convertibilité générale des monnaies dans les pays occidentaux et en Extrême-Orient. En somme, la grande marche vers la mondialisation de l'économie commençait.

La phase V (1973-1994) a commencé sous des auspices défavorables, à savoir les deux chocs pétroliers consécutifs à la guerre de Kippour et à la révolution islamique en Iran (1973 et 1979). Ces chocs ont déterminé un changement brutal du régime de croissance, et ce changement s'est traduit par une forte poussée d'inflation, et aussi de chômage. Les pays consommateurs de pétrole ont en effet soudainement vu leur facture pétrolière s'alourdir, ce qui leur a causé de grandes difficultés de paiements extérieurs, en même temps qu'une hausse de leurs coûts de production. Dans les pays de la Communauté économique européenne, la tâche la plus urgente était désormais de stabiliser les prix. Pour cela, le modèle, et donc le point d'ancrage par rapport auquel les pays membres définirent leur politique monétaire fut le deutsche Mark : la politique économique de la RFA était en effet considérée en Europe comme un modèle de bonne gestion ; la France en particulier, dont la RFA était le principal partenaire économique, s'est efforcée de suivre son exemple. Ce fut donc là le principe directeur de sa politique économique à partir de 1983.

Cette nouvelle politique conjoncturelle, qui signifiait l'abandon des politiques keynésiennes de relance, fut le prélude à la politique d'unification monétaire définie en 1992 par le traité de Maastricht. Cette décision d'ancrage du franc par rapport au deutsche Mark a été souvent critiquée, en particulier après la réunification de l'Allemagne (1989), car les principaux partenaires de la RFA, dont la France, ont ainsi dû supporter une part du fardeau de la réunification sous la forme de la surévaluation de leur monnaie, et donc des difficultés qui en ont résulté en matière d'emploi. Il s'agissait cependant d'une décision politique destinée à consolider la place de l'Allemagne au sein de la Communauté européenne et de bien montrer que l'engagement européen de la France était considéré comme prioritaire. À partir de 1992, la question se posait d'ailleurs de préparer l'entrée d'un pays comme la France dans la zone de l'euro.

Les pays capitalistes d'Europe pratiquaient donc désormais une politique de stabilité des prix, à laquelle ils s'étaient engagés par le traité de Maastricht (1992), lui-même prolongé sur le plan budgétaire par le traité d'Amsterdam en 1997, comportant un « pacte de stabilité et de croissance ». Une monnaie unique, l'euro, fut ainsi adoptée : onze puis douze pays commencèrent de la mettre en œuvre en 1999, la disparition matérielle effective de leurs anciennes monnaies nationales étant fixée à 2002. Un chômage massif continua de sévir dans cette zone, épargnant toutefois dans une certaine mesure les pays où le marché du travail fonctionnait avec la plus grande souplesse ; c'était le cas du Royaume-Uni et des pays de l'Europe du Nord. On s'accorde généralement à considérer que la France, l'Allemagne et les pays de l'Europe du Sud connaissent un chômage caractérisé par une forte composante structurelle.

Cela conduit à se tourner, si l'on cherche à expliquer ces successions de phases, vers une hypothèse que Kondratieff, puis Schumpeter (1883-1950) avaient avancée dans l'entre-deux guerres : celle des cycles longs.

Cycles et innovations. L'hypothèse des cycles longs

Réfléchissant sur les cycles économiques, Schumpeter avait, dès 1912, suggéré que l'économie capitaliste évoluait en raison des déséquilibres créés par l'innovation. L'équilibre ne peut jamais correspondre qu'au fonctionnement d'une économie statique. Or le propre des économies capitalistes est d'être dynamiques, de ne jamais rester stationnaires ; c'est l'innovation qui les met en déséquilibre et qui, en même temps, les fait progresser. Rappelons-nous que la révolution industrielle a pu être décrite comme une série de déséquilibres rattrapés ; or Schumpeter explique que l'innovation doit être financée avant même que l'entrepreneur bénéficie de ses résultats. Ce financement est normalement assuré par le crédit qu'accordent les banques. Les innovations, quant à elles, voient se propager leurs effets de branche en branche. Les innovations s'engendrent les unes les autres (Schumpeter affirme que l'on a affaire en réalité à des « grappes » d'innovations). On conçoit aisément que, dans tout ce processus, les risques encourus sont importants car rien n'est plus imprévisible qu'une innovation, si ce n'est sa chance de succès : les opérations entreprises dans ce climat ne peuvent pas toutes réussir, et il viendra un moment où il faudra apurer les dettes. Certaines entreprises débitrices n'y parviendront pas, les anticipations changeront de sens, de sorte que l'on assistera à des vagues de pessimisme succédant à des vagues d'optimisme, à des faillites en chaîne ; ce sera la dépression, qui affectera de nombreux secteurs de l'économie.

Dans son ouvrage *Business Cycles* (1939), Schumpeter porta son regard beaucoup plus loin dans le temps. Il soutint en effet que la conjoncture, observée sur une longue période, laisse percevoir une combinaison de trois sortes de cycles. Les cycles Kitchin (d'environ quarante mois en moyenne) correspondent à des mouvements de stocks (formation de stocks et déstockage). Ils sont eux-mêmes contenus par les cycles Juglar, ceux qui avaient jusque-là retenu à titre principal l'attention des économistes (du nom de l'économiste français Clément Juglar (1819-1905) qui en avait pour la première fois repéré l'existence) ; ils s'étendent en moyenne sur une dizaine d'années ; ils sont généralement attribués aux mouvements de l'investissement productif, et c'est sur eux que Schumpeter s'était concentré dans son livre de 1912 ; l'idée généralement retenue par les analyses du cycle est que les investissements finissent toujours par dépasser leurs buts initiaux, de sorte qu'un mouvement de correction devient inévitable, d'autant plus fort, parfois, qu'une bulle spéculative se sera formée, auquel cas la correction sera d'autant plus brutale. En somme, il n'est pas d'expansion sans excès, et l'évolution de l'économie capitaliste est constamment scandée par ces fluctuations.

Enfin, Schumpeter reprit l'idée qu'avait eue un économiste russe, Nikolaï Kondratieff (1892-1931), qui pensait avoir décelé la présence d'ondulations longues de l'activité économique, à savoir des cycles d'environ quarante ans dans lesquels les cycles Juglar étaient englobés. L'idée de Schumpeter était que ces cycles longs correspondaient à des innovations majeures. L'innovation en général – et Schumpeter employait souvent l'expression de « combinaison nouvelle » – était censée être le propre de l'entrepreneur. Schumpeter avait certes une vision très large et très compréhensive de ce qu'il fallait entendre par « innovation » : ce concept pouvait aussi bien s'appliquer à un nouveau procédé qu'à un bien nouveau, à un bien immatériel comme à un bien tangible. Un petit nombre d'innovations avaient cependant changé l'histoire économique du monde.

Schumpeter n'a jamais été très précis quant à la datation de ces grands événements, donc quant à la datation des grands cycles Kondratieff. Il acceptait volontiers les suggestions de certains de ses collègues, tels Kuznets ou Redvers Opie. On pourrait, dans l'esprit de son analyse (Valéry [1999]), bien que cela ait été discuté, repérer les cycles suivants (du début de la phase d'expansion à la fin de la phase descendante) : le 1er Kondratieff (1785-1845) correspondrait à la première révolution industrielle (voir Caron [1985] et Verley [1997]), marquée par l'énergie hydraulique, l'industrie textile et l'industrie du fer. Le 2e Kondratieff (1845-1900) correspondrait à l'industrie de la vapeur, au chemin de fer et à l'acier. Le 3e Kondratieff (1900-1950) comprendrait l'électricité, l'industrie chimique et le moteur à combustion interne. Le 4e cycle (1950-1990) concernerait l'industrie pétrochimique, l'électronique et l'aviation. On considère souvent qu'en 1990 a démarré un 5e Kondratieff, correspondant aux réseaux numériques, aux logiciels et aux nouveaux médias ; il se terminerait – ce serait le creux de la vague – aux environs de 2020. Ce ne sont là que des illustrations qu'il ne faut pas prendre trop à la lettre car elles ne reposent pas sur des données statistiques indubitables ; elles nous donnent toutefois des ordres de grandeur acceptables. On remarquera cependant un phénomène que nous avions déjà observé lors de la succession des phases de Maddison : les Kondratieff raccourcissent au fur et à mesure qu'ils se succèdent. Le 1er s'étendait sur soixante années ; les suivants ne dureront plus, respectivement, que cinquante-cinq ans, cinquante ans, quarante ans et trente ans, phénomène qu'il est tentant de désigner comme « l'accélération de l'Histoire ».

L'accélération de l'Histoire. – Si accélération il y a, elle pourrait s'expliquer de trois manières.

En premier lieu, on assisterait à une sorte d'effet d'apprentissage : les entreprises, et même les consommateurs, seraient plus à l'affût des nouveautés et donc plus prompts à les adopter. Un témoin de ce phénomène serait le développement de la « veille technique » dans les branches les plus dynamiques.

Deuxième facteur : les innovations actuellement les plus marquantes, celles du « 5e Kondratieff », sont des innovations de réseau (voir Caron [1997]), qui concernent les nouvelles techniques de l'information et des communications (NTIC) ; elles ont une tendance à se développer de façon exponentielle, touchant toutes les branches de l'activité économique et engendrant un abaissement des coûts unitaires par économies d'échelle, ce qui est précisément le propre des effets de réseau[1]. Ce sont donc des rendements croissants qui sont l'apanage de cette nouvelle révolution technique. Qu'il s'agisse d'une nouvelle révolution industrielle n'est pas douteux : dès 1965, l'un des fondateurs d'Intel, Gordon Moore, formulait une prévision qui a été vérifiée depuis, connue désormais comme la « loi de Moore », suivant laquelle la capacité de traitement d'une puce de silicone doublerait tous les dix-huit mois. Les activités impliquées – télécommunications, services aux entreprises, commerce électronique – relèvent de ce qu'on appelle souvent la *new economy*.

La troisième explication tient au fait que ces innovations, en raison de leur caractère largement immatériel, se propagent rapidement, malgré les distances et au-delà des frontières ; elles se prêtent donc particulièrement aux forces de la concurrence, et d'une concurrence désormais mondiale. Dans une économie glo-

1. Un exemple suffira à illustrer ce point : l'intérêt de recourir à l'Internet est d'autant plus grand que davantage de personnes y sont abonnées ; c'est ce qu'on appelle parfois l' « effet de club ». La loi de Metcalfe énonce que la valeur d'un réseau croît approximativement comme le carré du nombre des usagers (Woodall [2000]).

bale, l'innovation ne connaît plus de frontières. Elle doit essentiellement se traduire par des progrès de la productivité du travail, quel que soit le secteur d'activité. Les nouvelles techniques permettent en effet à un nombre donné de personnes de se mettre en contact avec un nombre croissant de marchés, qu'il s'agisse de leurs clients ou de leurs fournisseurs, et d'acquérir des informations utilisables à un coût toujours réduit. Le mouvement actuellement en cours présente en tout cas toutes les caractéristiques d'une révolution industrielle, en ce sens qu'il affecte tous les secteurs, et pas seulement ceux de la « nouvelle économie » : il se traduit, même dans les entreprises relevant de l'économie la plus traditionnelle, par un abaissement des coûts de production unitaires, par la mise en œuvre de procédés nouveaux, de nouvelles méthodes d'organisation, ainsi que par la création de produits nouveaux, toutes choses que l'on avait observées lors des précédentes révolutions industrielles.

On a longtemps fait état du « paradoxe de Solow »[1] qui, en 1995, déclarait : « Les ordinateurs sont partout, sauf dans les statistiques de la productivité. » Effectivement, de 1980 à 1995, la productivité aux États-Unis n'a crû que de 1 % par an. En revanche, elle croît de 2,6 % depuis 1995. La structure même de la population active s'en trouve affectée puisque le phénomène provoque la formation d'un nombre considérable d'emplois nouveaux dans le secteur des services[2].

On considère généralement que les entreprises de la nouvelle économie peuvent être classées en deux

1. Professeur au MIT et prix Nobel d'économie.
2. On trouvera une analyse vivante de ce processus chez Daniel Cohen (1999).

groupes : les entreprises *B to B (business to business)*, dont les services s'adressent aux entreprises, et les entreprises *B to C (business to consumer)*, qui s'adressent au grand public. La diffusion des ordinateurs et de l'accès à l'Internet dans les ménages tend ainsi à modifier en profondeur les modes de consommation, et même les modes de vie, suscitant des besoins nouveaux et provoquant la naissance d'entreprises nouvelles destinées à les satisfaire. N'oublions pas toutefois que, malgré les « effets de réseaux », ces entreprises n'échappent pas aux lois économiques communes, qui les obligent à dégager une marge bénéficiaire positive pour financer leurs investissements et attirer des capitaux nouveaux.

Il convient donc d'être prudent quant à la réalité et à la nature de cette « révolution industrielle » car rien n'est plus difficile pour un observateur que de déceler un mouvement long qui s'amorce sous ses yeux. Même si la réalité de ce mouvement est avérée, elle peut mettre très longtemps à produire des effets perceptibles. Songeons que des innovations majeures comme le chemin de fer ou l'électricité ont connu de très longs délais de diffusion et que les entreprises qui s'y sont engagées ont enregistré un taux de mortalité élevé. Disons simplement que nous assistons à la mise en œuvre d'innovations techniques très importantes qui concernent toutes les branches de l'économie. Il n'est donc pas invraisemblable qu'il s'agisse bien du début d'un cycle de Kondratieff. Ne nous laissons toutefois pas emporter par l'enthousiasme : même la phase ascendante d'un Kondratieff n'est pas exempte de fluctuations cycliques dont certaines sont fatales aux entreprises qui en sont les victimes. En particulier, les entreprises de la nouvelle économie ont été sujettes à des bulles spéculatives qui appelleront inévitablement des mouvements de correction. C'est dire que la théorie des cycles traditionnels (de type Juglar) continuera d'être un important objet de recherches.

Innovation et monopole. – Nous noterons au passage un point qui mérite d'être souligné et sur lequel Schumpeter avait attiré l'attention dès 1942 dans son livre *Capitalisme, socialisme et démocratie*. Les grandes innovations naissent dans un contexte concurrentiel. Rien, cependant, ne serait plus défavorable à l'innovation qu'un régime de concurrence parfaite. La firme innovatrice espère toujours, étant la première, bénéficier d'une rente monopolistique pour un temps qu'elle espère être le plus long possible grâce à l'avantage que la législation sur les brevets lui assure par rapport à ses concurrents. Effectivement, il arrive que certaines innovations, comme nous le montre l'exemple de Microsoft, confèrent à la firme innovante une position dominante sur son marché. La concurrence tendrait ainsi à se détruire elle-même.

C'est bien pourquoi les autorités de marché sont particulièrement attentives à ces phénomènes et se tiennent prêtes à intervenir dans tous les cas de ce genre. C'est dire que, en période de grandes et fréquentes innovations comme celle que nous connaissons actuellement, l'emploi du temps des différentes institutions protectrices de la concurrence est extrêmement chargé, comme nous le verrons au chapitre suivant. En ce qui concerne la « nouvelle économie », on notera que les firmes innovantes s'efforcent certes d'obtenir un avantage monopolistique sur leurs rivales, ce qui n'empêche pas que leurs innovations aient la propriété d'intensifier la concurrence chez les firmes utilisatrices. Cette concurrence, toutefois, ne sera pas une concurrence parfaite ; en raison des phénomènes de concentration il s'agira plus vraisemblablement d'une concurrence monopolistique ou oligopolistique.

On remarquera que les processus qui viennent d'être décrits à grands traits sont caractéristiques du capitalisme, au point qu'il serait inconcevable de les voir naître et se dérouler dans aucun autre système. Ils s'accompagnent en effet de ce que Schumpeter (1942) appelait la « destruction créatrice », sorte de tempête économique qui entraîne la disparition brutale de centaines de milliers d'emplois, tout en provoquant la création d'emplois nouveaux en nombre égal ou supérieur. Cela ne peut se faire que si l'économie a un haut degré de flexibilité, donc une capacité d'adaptation rapide, et que si les conditions de la concurrence y sont respectées, tandis que, dans les économies de type soviétique, les entreprises étaient immortelles. Nous retrouvons ici les caractères que nous avions déjà mis en lumière dès les origines du capitalisme : autonomie des entreprises, marchés concurrentiels, flexibilité, ouverture à l'extérieur. Le corollaire de cette remarque est d'ailleurs que les pays les mieux placés dans la concurrence mondiale sont précisément ceux qui présentent au plus haut degré ces caractéristiques.

L'ouverture à l'extérieur s'entend des flux qui traversent les frontières ; ils concernent les marchandises et les services. Effectivement, les accords du GATT, désormais régulés par l'action de l'Organisation mondiale du commerce (OMC), aboutissent, pour les pays les plus industrialisés, à un démantèlement de leurs barrières protectrices. Les flux de capitaux et autres transferts monétaires se sont accrus de telle sorte que les transactions financières quotidiennes (dont les opérations sur produits dérivés) représentent aujourd'hui environ cinquante fois le montant des transactions commerciales proprement dites, c'est-à-dire les transactions quotidiennes sur services et marchandises. Laissons de côté les flux migratoires, dont le cas est particulier. Il reste les flux d'informations, pour lesquels l'espace et le temps n'existent plus car ils se déplacent à une vitesse proche de celle de la lumière ! L'ouverture à l'extérieur est marquée de nos jours par l'irruption de deux géants dans l'économie mondiale : la Chine et l'Inde. Il ne s'agit plus de pays sous-développés, mais bien de nations en plein essor, qui consacrent de grands efforts à l'économie de la connaissance, qu'il s'agisse de la formation des hommes ou de la préparation des innovations futures. C'est dire que l'on va assister à des phénomènes spectaculaires de destruction créatrice : les vieux pays industriels, en particulier l'Europe, auront fort à faire pour s'y adapter.

Le rôle des marchés financiers. – Cette ouverture des économies les unes aux autres a entraîné un rôle croissant des marchés financiers, c'est-à-dire des bourses de valeurs. Désormais en effet, c'est de plus en plus par un appel aux marchés (par augmentation de capital ou par émission d'obligations) que les grandes firmes se procurent les fonds dont elles ont besoin pour financer leurs investissements. Or les marchés financiers sont interconnectés et ils ont la particularité d'être beaucoup plus instables que les marchés des biens et des services. Ce sont en effet des marchés d'opinion : ils dépendent des prévisions des opérateurs sur l'évolution des valeurs négociées, prévisions qui ont nécessairement une fragilité intrinsèque. Les engagements et les dégagements des opérateurs sur telle ou telle valeur se font instantanément, à la différence des opérations industrielles, qui prennent du temps et qui présentent, une fois réalisées, un certain caractère d'irréversibilité, et donc d'inertie. Les transactions sur ces marchés sont affectées par le comportement moutonnier des opérateurs, comportement qui explique la formation des bulles financières, ainsi d'ailleurs que leur dégonflement. Les économies de marché acquièrent pour ces raisons une volatilité marquée : elles connaissent des fluctuations rapides, amplifiées par l'interdépendance internationale des économies. On l'a bien vu lors des crises de 1929, de 1987 et de 2001. Les cycles économiques sont plus que jamais affectés par la financiarisation de l'économie ; l'espace où ils se manifestent est devenu planétaire.

La mondialisation de l'économie est bien devenue le caractère dominant du capitalisme contemporain.

Chapitre III

LE CAPITALISME ET LES POUVOIRS

L'esquisse historique nous a fait constater que le capitalisme est étroitement lié à une certaine structure des pouvoirs dans la société ; la naissance et le développement de ce système étaient liés, en effet, à une modification décisive de la nature du pouvoir politique. Une première approche nous inciterait à caractériser cette structure des pouvoirs comme mettant aux prises, d'une part les détenteurs du pouvoir économique, à savoir les capitalistes et les entrepreneurs, lesquels ont la propriété des instruments de production, et d'autre part les travailleurs, soumis à leurs employeurs dans le cadre du rapport salarial. Ce schéma, qui correspond en substance à la vision de Marx, implique que le pouvoir politique lui-même s'efface devant le véritable pouvoir : celui que confèrent la richesse et la possession des capitaux.

Dans une certaine mesure, nous avons pu constater en effet que le passage de l'ordre féodal au capitalisme a consisté en une substitution du pouvoir des marchands aux pouvoirs seigneuriaux. Dans ce processus d'émancipation, on observe toutefois que les bourgeois se sont souvent appuyés sur le pouvoir central – par exemple, en France, le pouvoir royal – qui tenait lui-même à s'affirmer aux dépens des grands feudataires. Cette relation était bien à double sens car le pouvoir royal lui-même a souvent utilisé l'appui des bourgeois pour combattre des vassaux trop turbulents et ambitieux. Néanmoins, les marchands, quant à eux, n'ont pu se libérer du joug féodal et constituer une puissance qu'en substituant des prestations monétaires aux anciennes prestations en nature auxquelles ils étaient assujettis. En somme, ils ont en quelque sorte acheté leur émancipation. En d'autres termes, la monétarisation de la société a été solidaire de l'émergence de ce que Schumpeter (1918) appelait le *Steuerstaat,* ou État fiscal.

Ce passage à l'État fiscal a été rendu nécessaire par le coût croissant des opérations militaires et des armements, phénomène que l'on avait déjà constaté à l'occasion des croisades ; il s'est accompagné d'une profonde redistribution des pouvoirs politiques. De nouvelles entités politiques se sont en effet constituées, regroupant d'anciennes seigneuries sous la forme de principautés, de duchés, de royaumes, d'États-cités, bénéficiant en quelque sorte des économies d'échelle inhérentes aux premiers stades de l'extension des champs de souveraineté. Ces entités vivaient désormais des recettes fiscales. Ce faisant, elles se sont mis tout naturellement à exercer les fonctions régaliennes indispensables à l'existence même des économies de marché. C'est d'ailleurs l'exercice de ces fonctions régaliennes qui constituait le fondement de leur légitimité.

Rappelons-nous en effet que les pouvoirs politiques locaux s'étaient installés, à l'origine, pour remédier à l'insécurité générale consécutive à la chute de l'Empire romain. Les pouvoirs politiques avaient donc avant tout pour mission de rétablir la sécurité des personnes et des biens, autrement dit de restaurer l'*ordre public* sur les territoires relevant de leur autorité, constituant ainsi des espaces économiques homogènes.

Nous allons voir de plus près en quoi consistaient ces fonctions régaliennes. Nous serons alors en mesure d'explorer les implications économiques et politiques du système d'économie de marché qui s'est ainsi mis en place.

Les fonctions régaliennes

Elles consistent avant tout à assurer aux individus la sécurité de leur vie et de leurs biens en les protégeant de la violence qui pourrait leur être faite. C'était déjà le fondement de l'ordre féodal ; cela continue d'être le fondement de toute société politique. Cette violence elle-même peut provenir de l'intérieur ou de l'extérieur. Les dangers intérieurs tiennent à l'action incontrôlée de brigands ou d'assassins, agissant soit isolément, soit en bandes. Quant aux périls extérieurs, les invasions ou agressions de barbares ou d'armées étrangères les font courir à la population. La protection des populations implique donc la présence de forces armées afin d'assurer leur défense ; elle implique aussi l'existence d'une force de police et d'une magistrature judiciaire pour assurer l'ordre intérieur, et notamment la protection des routes et autres voies de communication.

Max Weber caractérisait la puissance politique comme détenant « le monopole de la contrainte légitime », et c'est précisément pour financer ce monopole qu'elle percevait impôts, redevances et taxes. À ces attributions de la puissance publique s'ajoutait le pouvoir de « battre monnaie » : en effet, dans une société monétarisée où les transactions ne se faisaient plus en nature par voie de troc et où la contribution nécessaire au financement des fonctions régaliennes s'effectuait en monnaie, il fallait qu'une autorité publique se portât garante de la qualité des espèces monétaires en circulation, l'émission ou l'usage de la fausse monnaie étant considérés comme criminels. Le pouvoir monétaire était donc partie intégrante des attributs de la souveraineté. Aujourd'hui encore, quel que soit le statut de la Banque centrale, plus ou moins indépendante par rapport à l'État, elle a pour mission première de garantir la valeur interne de la monnaie, c'est-à-dire la stabilité des prix[1].

Une question se pose alors : Comment protéger les sujets contre l'abus de pouvoir et contre l'arbitraire que pourrait exercer à leur encontre la puissance publique ? Ce problème, l'un des plus anciens de la philosophie politique[2], nous conduit à examiner la nature de l'*état de droit*...

L'état de droit

On désigne par cette expression une situation dans laquelle, constitutionnellement, le pouvoir exécutif lui-même, c'est-à-dire l'État, a le devoir de respecter l'ensemble des règles qui constituent le *droit*. Ces règles définissent la portée et les limites des pouvoirs respectifs des personnes publiques et des personnes privées ; ce sont, en somme, les règles du jeu qui doivent servir de cadre à l'ensemble des relations sociales. Elles doivent être publiques, c'est-à-dire portées à la connaissance de chacun. Il s'agit donc d'un système d'information où chacun sait d'avance quelle sera la position de la puissance publique dans telle ou telle

1. Dans le cadre de l'Union européenne, qui est en fait une structure de type fédéral sur le plan monétaire, c'est la BCE (Banque centrale européenne) qui joue désormais ce rôle.

2. On se rappelle l'adage romain : « *Quis custodiet ipsos custodes ?* » (Qui surveillera les gardiens eux-mêmes ?).

circonstance. En ce sens, une première cause d'arbitraire se trouve éliminée.

Ces règles elles-mêmes sont censées assurer aux membres de la cité la liberté de disposition de leurs biens, ainsi que le pouvoir de procéder aux transactions qui leur paraîtront nécessaires pour mener leur vie et prendre les décisions qu'ils jugeront opportunes. Bien entendu, ces règles reflètent les conceptions morales ou religieuses qui caractérisent une société à un moment donné de son évolution. Ce qui est important, c'est qu'elles s'imposent à tous, qu'elles aient une certaine stabilité et qu'elles laissent à chacun la liberté de mener sa vie à sa guise, sous réserve qu'il respecte les valeurs fondamentales de la cité.

Nous voyons ainsi apparaître deux caractères fondamentaux de la règle de droit : la transparence, grâce au caractère public de la loi, et la subsidiarité. Ce dernier point signifie que l'État ne doit pas régenter tous les aspects de la vie humaine mais qu'il ne doit intervenir que dans les domaines où lui seul est en mesure de le faire, c'est-à-dire dans l'accomplissement des fonctions régaliennes. Quant au reste, la liberté des individus est assurée par l'institution des droits de propriété, non seulement sur les biens de consommation mais aussi sur les biens de production (terres, matières premières, équipements, capitaux de toute sorte)[1]. Cette liberté est encore assurée par la liberté des contrats, dont la nature et la mise en œuvre sont définies et assurées par la loi, la magistrature et la police. Le droit, en évoluant, a d'ailleurs étendu le champ de son action. Il est désormais admis que ceux qui sont en

1. Rappelons que le Préambule de la Constitution française, qui énonce les droits de l'homme et du citoyen, déclare que la propriété est « un droit inviolable et sacré ».

position de faiblesse doivent être protégés contre l'arbitraire dont ils risqueraient d'être victimes de la part des plus forts. C'est ainsi que tout un droit du travail est né et s'est développé au cours des XIXe et XXe siècles, consacrant notamment et encadrant l'institution syndicale.

Nous voyons ainsi se dessiner l'armature juridique de droit public et de droit privé nécessaire à l'existence même des marchés. Si cette armature n'existait pas, l'incertitude serait telle que les décideurs s'en trouveraient paralysés et qu'ils seraient incapables de s'engager dans des opérations impliquant des relations avec autrui ou mettant en jeu des décisions dont les conséquences s'étendraient sur une longue ou une moyenne période. C'est dire qu'en ce cas la notion même d'économie de marché n'aurait plus aucun sens.

Notre réflexion ne peut toutefois s'arrêter en ce point car jusqu'ici nous n'avons fait que rappeler la nécessité des fonctions régaliennes, l'État étant lui-même soumis à l'ensemble des lois afin de l'empêcher d'exercer sur la société un pouvoir arbitraire. Qu'est-ce qui garantira cependant que les lois elles-mêmes seront conformes aux besoins de la société, autrement dit qu'elles ne seront ni barbares ni absurdes ? C'est ici que nous voyons apparaître la notion de la *démocratie,* qui caractérise les sociétés modernes.

La démocratie dans la cité

Si nous définissons la démocratie, conformément à l'étymologie, comme un régime politique qui assure le pouvoir du peuple, encore nous faut-il préciser la nature de ce pouvoir. Il ne peut guère consister que dans la capacité qu'auraient les peuples gouvernés d'exercer un pouvoir de contrôle sur les gouvernants. La science politique nous a désormais habitués à distinguer la démocratie directe et la démocratie représentative. La démocratie directe s'exerce essentiellement, dans les pays qui la prévoient, par les consultations référendaires. Cependant, c'est surtout la démocratie *représentative* qui caractérise la quasi-totalité des démocraties modernes : les citoyens élisent leurs représentants au Parlement. Le principe de fonctionnement repose sur l'idée que la responsabilité d'un gouvernement doit pouvoir être mise en jeu par les assemblées parlementaires qui représentent les citoyens[1], les parlementaires eux-mêmes étant périodiquement soumis au suffrage des électeurs. Les membres du Parlement exercent un pouvoir de proposition, mais aussi un pouvoir de contrôle sur l'action ou les projets du gouvernement, soit qu'ils acceptent ou refusent les propositions qui leur sont faites par ce gouvernement, soit qu'ils choisissent de le renverser. Rappelons enfin que, à son origine même, le Parlement avait pour fonction de voter le budget, de sorte que le contrôle qu'il exerçait sur le gouvernement n'était pas seulement politique mais aussi financier.

Nous voyons donc affirmées deux exigences impliquées par ce système politique, à savoir le principe de responsabilité et le principe de transparence. Le gouvernement est responsable de ses actes devant le Parlement, donc devant les électeurs, et il peut à tout moment être appelé à rendre compte de sa gestion[2].

1. Dans le cas d'un régime républicain, à la différence d'une monarchie constitutionnelle héréditaire, le chef de l'État lui-même est élu au suffrage universel, direct ou indirect. Il est donc soumis périodiquement au choix du corps électoral.

2. Le terme anglais d'*accountability* traduit bien cette idée.

Quant au principe de transparence, il implique que le gouvernement fournisse au Parlement toutes les informations nécessaires à l'exercice effectif de ce contrôle et que les délibérations du Parlement soient elles-mêmes publiques. Si l'on ajoute à ces considérations l'existence d'un pouvoir judiciaire indépendant destiné à garantir l'application impartiale des lois et même la conformité des lois à la Constitution, nous voyons que la démocratie est constituée par un jeu de poids et de contrepoids *(checks and balances)*, dont l'ensemble est censé protéger les citoyens contre un pouvoir incontrôlé, donc arbitraire. La logique de ce système était traduite, chez John Locke dès 1690, puis chez Montesquieu en 1748, par le principe de la séparation des pouvoirs.

Capitalisme et démocratie. – L'importance de ces considérations pour notre propos tient au fait que les principes de la démocratie, tels qu'ils viennent d'être définis, sont ceux-là mêmes qui s'imposent à tous les opérateurs *économiques,* faute de quoi aucune économie de marché ne pourrait fonctionner. C'est en effet la démocratie qui établit pour les marchés des règles du jeu stables et publiques. Les opérateurs, qu'il s'agisse d'individus ou d'entreprises, sont responsables en ce sens qu'ils doivent respecter les règles des contrats qu'ils ont passés et les contraintes budgétaires auxquelles ils sont soumis ; s'ils ne le font pas, ils risquent des sanctions judiciaires, la faillite ou la perte de leur indépendance. Enfin, rappelons que le concept même de concurrence implique la transparence, c'est-à-dire une information aussi rapide et complète que possible. Si l'on observe que la loi de l'offre et de la demande est consubstantielle au capitalisme, cela revient à reconnaître que le capitalisme est précisément constitué par un ensemble de pouvoirs et de contre-pouvoirs. En somme, l'économie de marché est censée fonctionner suivant les principes mêmes qui sont le fondement de la démocratie politique. Le lien entre démocratie et capitalisme ne se limite pas là.

Nous pouvons remarquer, en effet, qu'au concept de souveraineté du peuple correspond, dans l'ordre économique, celui de la souveraineté du consommateur : en dernière analyse, un bien ou un service ne pourra être écoulé sur le marché, donc ne pourra continuer d'être produit, que s'il correspond aux besoins qu'éprouvent les consommateurs. De même, si les systèmes de la démocratie politique ont pour devoir de protéger les citoyens contre toute forme de dictature, nous constatons, de façon analogue, que l'économie de marché se doit de protéger les consommateurs et les entreprises contre cette dictature économique que constitueraient les pratiques de monopole. Le droit, national ou international, de la concurrence a précisément pour fonction d'assurer cette protection. Rappelons en effet que des organismes comme la Federal Trade Commission aux États-Unis ou le Conseil de la concurrence en France, comme la direction générale de la concurrence au sein de la Commission européenne, ont pour mission d'empêcher les « abus de position dominante », ainsi que les ententes qui seraient conclues entre des entreprises, ou encore les interventions gouvernementales abusives, sous forme de subventions par exemple, toutes pratiques qui viendraient fausser le jeu de la concurrence. L'Organisation mondiale du commerce (OMC) elle-même vise à étendre à l'échelle planétaire cette police des marchés.

Le rapprochement entre la notion de démocratie et le système capitaliste peut d'ailleurs être poussé plus loin car on peut prolonger l'analyse jusqu'au fonctionnement interne de l'entreprise.

La gouvernance de l'entreprise

Cette expression, tirée de l'anglais *corporate governance* – autrement dit, le gouvernement de l'entreprise sociétaire –, constitue un thème désormais fréquent de discussion dans l'étude du comportement et de la structure des entreprises contemporaines. Elle désigne les rapports qui s'établissent entre les sociétés cotées en Bourse et leurs actionnaires, voire avec les marchés financiers[1] dans leur ensemble. L'emploi du terme de « gouvernance » n'est pas arbitraire car il implique un rapprochement explicitement souhaité entre les pratiques en usage dans les sociétés cotées et les pratiques politiques qui prévalent dans les démocraties parlementaires[2]. En effet, quels sont les caractères le plus souvent évoqués lorsqu'on énonce les principes de la bonne gouvernance ? Ce sont la transparence, la responsabilité et, enfin, la lisibilité des procédures de décision. Sur ce dernier point, l'idéal dont on devrait se rapprocher serait : « un actionnaire - un dividende - une voix ».

Ces principes tendent d'autant plus à devenir une règle pratique que l'on a affaire à des entreprises

1. Nous continuerons d'utiliser le néologisme de « gouvernance », n'utilisant le terme de « gouvernement » que dans les domaines politique et constitutionnel. Ajoutons encore que, dans de nombreux pays, la notion de bonne gouvernance voit son champ s'étendre aux relations entre les salariés, notamment les cadres, et la direction.

2. Cf. P. Nothomb et J.-N. Caprasse (1998).

ouvertes à l'extérieur et placées sous le contrôle des grands marchés financiers. Le New York Stock Exchange joue en la matière un rôle particulièrement important, de sorte que ce sont désormais les normes américaines de gestion et d'information financière qui sont pratiquement imposées aux grandes entreprises, quelle que soit leur nationalité. Dans cette optique, la responsabilité des dirigeants est mise en jeu de façon permanente, la qualité des informations délivrée aux actionnaires est surveillée attentivement et notée par les analystes financiers ; enfin, l'on s'efforce d'assurer un traitement équitable aux actionnaires minoritaires par toutes sortes de procédures telles que les OPA et les OPE.

Ce phénomène est tout à fait général en ce sens qu'il affecte les entreprises cotées de tous les pays de l'Europe de l'Ouest[1]. Il est lié en effet à une profonde modification des modes de financement des entreprises : elles sont passées du financement bancaire au financement boursier, de sorte que la titrisation des grandes entreprises s'est substituée au recours à des crédits bancaires. C'est par l'augmentation de capital au moyen de l'émission d'actions qu'une entreprise d'une certaine taille peut désormais accroître ses fonds propres. Cela implique qu'elle se place sous le jugement permanent des principales institutions financières (banques, compagnies d'assurance, analystes financiers) ; c'est donc à un véritable examen de la part des marchés financiers que les entreprises doivent se

1. Les entreprises françaises sont encore en retard sur ces modes de gestion par rapport à leurs homologues américaines et britanniques, mais la concurrence mondiale dans laquelle elles se trouvent placées les obligera nécessairement à se conformer à ces règles.

soumettre à chaque étape de leur croissance, et ces marchés financiers sont désormais mondiaux[1].

Il est compréhensible, dès lors, que l'approbation des marchés financiers soit d'une importance vitale pour les entreprises, en premier lieu pour les entreprises où une partie des sièges du conseil d'administration sont détenus par les représentants des groupes financiers actionnaires. Ces groupes, souvent étrangers car la mondialisation fait son œuvre, peuvent révoquer et remplacer l'équipe dirigeante en place si les résultats de la politique poursuivie jusque-là ne les satisfont pas. En second lieu, l'insatisfaction des marchés peut se traduire fort brutalement par la chute du cours des actions cotées en Bourse ; ce serait là un événement très grave car les actionnaires seraient fondés à demander des comptes, et, de plus, c'est davantage par des offres et par des échanges d'actions que les grandes sociétés procèdent à des acquisitions ou à des fusions lors des grandes opérations qui caractérisent les marchés mondiaux ; voir leurs titres se déprécier équivaudrait donc à une sérieuse réduction de leur capacité de manœuvre.

Observons que cette évolution est relativement nouvelle en Europe. Les entreprises sociétaires avaient souvent pris l'habitude d'échapper pratiquement au contrôle effectif de leurs petits actionnaires par mille procédés allant de l'enchevêtrement des conseils d'administration, où l'on retrouvait souvent les mêmes personnes qui se cooptaient et qui se contentaient souvent de faire acte de présence, jusqu'à l'émission d'actions à vote préférentiel dont l'attribution obéissait à des règles mystérieuses in-

1. 43 % des actions cotées à Paris au CAC 40 sont détenues par des investisseurs étrangers.

connues du grand public. Ce n'est pas sans raison que J. K. Galbraith, en 1967, a souligné le rôle que jouent les *technostructures* dans la direction des plus grands groupes industriels et financiers. La primauté des marchés financiers, en particulier la dictature des actionnaires, tend désormais à se substituer à celle des technostructures, avec le danger de voir les entreprises porter une attention excessive au court terme aux dépens des engagements de longue durée.

Ne nous abusons pas ; les observations que nous venons de faire ne signifient pas que l'arène économique est un modèle de démocratie et que les opérateurs économiques et financiers sont des parangons de vertu. Pas plus que les milieux politiques, les marchés financiers ne sont peuplés de moralistes, comme l'ont montré les récents scandales (Enron, Andersen, Crédit lyonnais, Vivendi, Elf, parmi d'autres) qui ont défrayé la chronique sur des places financières aussi importantes que New York ou Paris[1]. Ce n'est pas par hasard que les préoccupations d'éthique dans le comportement des dirigeants d'entreprise et des institutions financières des différentes places sont de plus en plus souvent évoquées. Notre analyse veut simplement dire qu'il existe une parenté d'inspiration, voire de nature, entre les principes de l'économie de marché et les principes de la démocratie politique. Cette parenté a depuis longtemps été soulignée, en particulier par Hayek (1944), et elle fonctionne dans les deux sens : de même qu'une économie de marché serait à la longue incompatible avec un système politique totalitaire, de même une économie centralisée conduirait à la disparition de la démocratie

1. Patrick Artus et Marie-Paule Virard (2005), Élie Cohen (2005).

politique[1]. La liaison est si étroite en vérité qu'une certaine éthique économique, reposant sur la confiance grâce au respect des engagements pris, doit être observée par les agents, faute de quoi le système ne pourrait pas fonctionner. On remarquera d'ailleurs que même de vieilles démocraties politiques ne sont pas exemptes de dérives, voire de turpitudes comme la corruption. L'important est que ces errements conservent un caractère exceptionnel, soient bien considérés comme des délits et que les systèmes de contrôle et de sanction soient efficaces, ce qui est d'ailleurs très difficile à réaliser.

Il s'agit d'un problème beaucoup plus difficile qu'on n'avait pu le croire. Il s'est surtout révélé au cours du dégonflement de la bulle financière qui s'était constituée jusqu'en 2001. On a pu, en effet, constater que certaines grandes sociétés occidentales avaient commis de graves irrégularités dans la tenue de leurs comptes et dans leurs méthodes de communication financière. Il est apparu que des conseils d'administration ne jouaient pas le rôle qui était censé être le leur, et que leurs membres ne faisaient pas preuve du zèle et de la vigilance nécessaires à l'exercice de leur mandat. Des commissaires aux comptes et des firmes d'audit, voire parfois des agences de notation, se sont trouvés dans des situations où leur indépendance a pu être mise en cause. Des cas de conflits d'intérêts ont pu être évoqués, qui faisaient peser des soupçons de connivence sur les dirigeants impliqués. Même les modes et les montants des rémunérations

1. Certes on a vu des dictatures s'établir dans des pays capitalistes sans abolir pour autant l'économie de marché, le cas le plus impressionnant étant celui de l'Allemagne national-socialiste. On notera cependant que ce régime n'a duré que douze ans, ce qui tendrait à confirmer son caractère exceptionnel.

des principaux dirigeants, parfois exorbitants ou évoluant (à la hausse) en sens inverse des résultats de l'entreprise, ont été l'objet de critiques acérées. Cela explique qu'aux États-Unis comme en France, d'importantes réformes soient en cours pour assainir le fonctionnement des marchés financiers et faire en sorte de rétablir un climat de confiance qui est indispensable au fonctionnement du système. C'est tout le système des contrôles internes des entreprises et des marchés qui doit être soumis à cet indispensable assainissement. C'est aussi toute une éthique des affaires qui doit être remise à l'honneur. On a trop longtemps cru qu'elle allait de soi.

Les exigences de transparence, d'équilibre des pouvoirs et de soumission au droit devront donc s'appliquer au monde économique comme au monde politique. Ainsi se trouve soulignée la relation étroite entre la démocratie et le capitalisme.

Cette relation n'a rien de mécanique. Les deux géants qui ont fait leur apparition sur la scène économique mondiale dans les dix dernières années sont la Chine et l'Inde. Ces deux pays ont adopté sans hésiter les principales règles de l'économie de marché. Si l'Inde est incontestablement une démocratie, la Chine conserve l'originalité d'être régie par un parti unique. Il est vraisemblable que d'importants changements politiques se produiront tôt ou tard, qui altéreront fortement cette situation exceptionnelle et qui, peu à peu, rapprocheront le système politique de la Chine de celui de la plupart des pays à économie de marché.

Chapitre IV

L'ÉTAT ET L'ÉCONOMIE DE MARCHÉ

Nous venons de voir qu'aucune économie de marché ne peut se passer de la présence permanente d'un État pour encadrer l'activité des hommes et instituer des rapports civilisés entre les personnes. Il en est ainsi, au-delà même des impératifs économiques, pour des raisons qui tiennent aux fondements des sociétés politiques car est censée s'y appliquer la prééminence de la règle de droit. Il est utile cependant, afin de disposer d'une grille de lecture, d'identifier et de classer les différentes fonctions que l'État est appelé à exercer dans l'économie, quelles que soient les variantes de son action. Les pays capitalistes, en effet, sont loin de fonctionner de façon identique. L'intervention de l'État s'y exerce suivant des modes dont la nature et l'intensité sont variables suivant les particularités propres à l'histoire de chaque pays. L'observation ne nous met jamais en face de formes pures du socialisme et du capitalisme : ces deux termes ne désignent que les extrémités d'un spectre. Il est donc indispensable que nous puissions classer les procédés d'intervention auxquels les différents pays ont recours.

Les fonctions économiques de l'État

L'économiste américain Richard Musgrave (1979) a distingué trois fonctions économiques essentielles de l'État dans le système capitaliste : la fonction allocative, la fonction redistributive et la fonction de stabilisation. Nous en ferons un bref passage en revue, non sans examiner les difficultés soulevées par cette action de l'État. Ces difficultés tiennent notamment au fait que, comme toute activité, celle de l'État a un coût. Cette activité s'exerce principalement dans le secteur non marchand ; or il ne faut jamais oublier que ce sont les entreprises, autrement dit le secteur marchand, qui font vivre le reste de l'économie puisque ce sont les biens et les services qu'elles produisent qui constituent finalement la substance de la consommation des hommes. Même les transferts sociaux ne proviennent jamais, en dernière analyse, que de la production des entreprises. Il faut donc ne dépenser qu'à bon escient afin de ne pas imposer de charges excessives à ce secteur d'où provient toute richesse.

La fonction allocative

Par cette expression, on entend l'activité de l'État lorsqu'il s'engage dans l'affectation des ressources productives, c'est-à-dire lorsqu'il se charge d'assumer des tâches de production. En quoi consiste la production de l'État ? La théorie économique nous apprend qu'il s'agit de la production des biens publics : on entend, par là, des biens dont la propriété est d'être indivisibles, de ne pas pouvoir être appropriés par des individus ; ils sont donc fournis à tout le monde ou à personne, d'où il s'ensuit que leurs consommateurs (ou usagers) ne sont pas en situation de rivalité et que personne ne peut se voir interdire l'accès à de tels biens (principe de non-exclusion). Les exemples classiques sont celui de la défense nationale, des phares maritimes ou de la sécurité publique. On y ajoute les activités d'éducation ou de santé, en précisant toutefois que le rôle de l'État peut se limiter à en assurer le financement en tout ou en partie.

Des difficultés se présentent toutefois lorsque certains de ces biens publics sont sujets à des phénomènes d'encombrement. C'est le cas, par exemple, de l'utilisation de certaines voies de communication ou de certains ouvrages d'art : on est alors souvent conduit à prélever un péage ou, plus généralement, un droit d'usage. De tels biens publics ne peuvent pas être créés par des personnes privées car personne n'aurait les moyens nécessaires pour les financer : un producteur privé ne pourrait pas en effet récupérer sa mise par la vente du service aux usagers en en laissant le prix se déterminer suivant la loi de l'offre et de la demande[1]. Nous avons donc affaire à des services non marchands. Leur financement ne peut être que collectif et la contribution de chacun uniquement de nature fiscale. Ce financement coercitif est d'autant plus inévitable que l'on risque, sinon, d'avoir affaire au phénomène du « voyageur sans billet »[2], c'est-à-dire au cas de personnes qui bénéficient de l'usage d'un service au financement duquel elles n'ont pas contribué (cas d'un auto-stoppeur ou d'un fraudeur).

De manière plus générale, les tâches allocatives de l'État sont habituellement justifiées par la prise en considération des « défaillances du marché ». On entend, par là, tous les phénomènes qui interviennent pour empêcher le marché de satisfaire aux conditions de la concurrence pure et parfaite. Tel est le cas, admet-on le plus souvent, des indivisibilités (parmi

1. Remarquons cependant que la pratique a beaucoup évolué sur ce point et que de nombreuses activités de production de « biens publics » ont été privatisées avec succès.

2. C'est le cas dit du *free rider* ou du « passager clandestin ».

lesquelles, justement, les biens publics), des rendements d'échelle croissants et des effets externes. Les rendements croissants posent en effet un problème particulier : les entreprises qui en bénéficient sont incitées à faire croître leur taille sans limites précises car elles se trouvent toujours sous-dimensionnées par rapport à ce que serait leur taille optimale à un moment donné. De telles entreprises sont poussées à agrandir leur taille, et donc leur part de marché jusqu'à ce que celui-ci cesse d'être concurrentiel. À la limite, on aurait affaire à un « monopole naturel ».

D'autre part, l'existence des « effets externes » crée elle aussi une difficulté que le marché est impuissant à régler. On entend, par cette dénomination[1], les interactions directes qui se produisent sans passer par le marché. Il s'agit de cas tels que les émissions polluantes imputables à des activités de production ou de consommation (pollution de l'air ou de l'eau ou pollutions sonores) ; on parle en ce cas d'effets externes négatifs et l'on compte sur l'intervention publique (taxes ou amendes) pour dissuader ceux qui sont à leur origine. Si, au contraire, l'on a affaire à des effets externes positifs (avantageux pour l'entourage), comme les activités d'enseignement ou de recherche, on cherche à les encourager au moyen de subventions ou d'incitations diverses. Il convient, d'ailleurs, d'avoir sur ces problèmes des vues assez nuancées ; en effet, en de nombreux cas d'effets externes, il peut être judicieux de laisser les intéressés (pollueurs et pollués, par exemple) discuter et parvenir à un accord, qui serait *ipso facto* à leur avantage mutuel puisqu'il aurait été librement négocié[2].

1. On les désigne aussi comme des *externalités*.
2. Il s'agit du cas prévu par le théorème de Coase (1960). Coase a obtenu le prix Nobel en 1991.

En revanche, les activités de production dans le secteur concurrentiel n'entrent certainement pas dans les attributions de l'État ; nous visons particulièrement la production de biens et de services destinés aux particuliers ou aux entreprises : certaines entreprises du secteur nationalisé n'y sont entrées que pour des raisons idéologiques ou de marchandage politique, ce qui fut le cas en France, par exemple, des vagues de nationalisations en 1945 et en 1982. On remarquera d'ailleurs que, en France comme en d'autres pays européens (Royaume-Uni, Allemagne, Espagne, Italie, Portugal), la tendance à la privatisation de ces entreprises s'est affirmée de façon très nette depuis les années 1980. La déconfiture du « socialisme réel » dans les pays de l'Est offre un exemple supplémentaire de ce mouvement de retour des entreprises publiques au secteur privé, même si ces pays, dits « en transition », rencontrent dans ce processus des difficultés spécifiques.

On classera à part le cas des « services publics » *(public utilities)*, tels La Poste, les télécommunications, les entreprises de transports publics ou de production d'énergie qui disposent d'un monopole. Il s'agit là parfois d'une tradition historique très profondément ancrée dans certains pays, comme la France, et qui a joué un rôle capital dans l'industrialisation du pays et dans les tâches de reconstruction et de rattrapage auxquelles il a dû faire face après 1945 et après 1973, tenant lieu parfois de politique industrielle. La tendance est désormais à la privatisation de ces activités ou au moins à l'ouverture de leur marché à la concurrence, ce mouvement étant d'ailleurs moins engagé en considération du caractère public de ces entreprises qu'en raison du monopole dont elles jouissaient. Les gouvernements des pays concernés s'engagent avec plus ou moins de résolution dans ce processus mais le mouvement paraît inéluctable pour plusieurs raisons. En premier lieu, en Europe par exemple, les règles de l'Union européenne font obligation aux pays membres d'ouvrir leur marché à la concurrence. En second lieu, étant donné que ces entreprises travaillent désormais en économie ouverte, il faut qu'elles puissent avoir une liberté complète de mouvement dans les grandes négociations ou dans les alliances dans lesquelles elles auront l'occasion de s'engager, et cette liberté de manœuvre rendra indispensable l'ouverture de leur capital afin qu'elles puissent financer, en cédant leurs propres actions, les acquisitions auxquelles elles jugeront opportun de procéder. N'oublions pas d'ailleurs que l'État ne pourrait pas assurer le financement de ces entreprises sans se voir accuser de fausser la concurrence au sein de l'Union européenne.

Ces grands mouvements de retour à l'économie de marché ne dispenseront certainement pas les gouvernements d'exercer leur vigilance à l'égard des anciennes entreprises publiques. Malgré leur intégration dans le secteur concurrentiel, il faudra veiller en effet à ce qu'une certaine tradition du service public, conforme à l'intérêt général grâce à l'obligation de continuité et d'universalité, ne soit pas simplement abandonnée. Il conviendra, à cet effet, de rédiger avec beaucoup de soin les cahiers des charges qui définiront les obligations des services publics sous leur nouveau statut. D'autre part, des agences publiques, sous des formes et des appellations diverses, auront pour tâche de s'assurer que la sécurité des usagers ne soit pas sacrifiée à des soucis de rentabilité immédiate. On notera que de telles institutions existent même dans des pays, comme les États-Unis, où la tradition de la libre entreprise est la plus affirmée.

La fonction de redistribution

Si l'on admet que, pour l'essentiel, le capitalisme fonctionne suivant les principes d'une économie de marché, il en découle que la rémunération des facteurs de production elle-même se détermine sur les marchés, qu'il s'agisse du travail, des équipements, des matières premières ou de l'énergie. Turgot (1766) et Adam Smith (1776) étaient déjà conscients de ce principe et ils l'avaient intégré dans leurs analyses. Depuis la fin du XIXe siècle, les développements de l'analyse micro-économique ont fermement établi la productivité marginale comme constituant le fondement des fonctions de demande des services producteurs. Quant aux fonctions d'offre, ce sont les facteurs démographiques et les investissements éducatifs qui en sont les principales variables explicatives. Autant dire que la structure des revenus obéit aux mécanismes du marché ; c'est le marché qui détermine ainsi la *répartition primaire*[1] des revenus.

Tel est le principe ; cependant la réalité observable ne s'y conforme pas fidèlement. Deux facteurs viennent en effet s'interposer dans le pur jeu de la loi de l'offre et de la demande quant à la formation des revenus : le premier est la fiscalité ; le second n'est autre que l'ensemble des systèmes de protection sociale mis en œuvre dans les pays les plus développés. Ces deux types d'intervention répondent à un souci commun de justice sociale, quoiqu'ils procèdent suivant des méthodes différentes. En effet, la fiscalité, bien qu'elle vise principalement à assurer le financement des dépenses publiques, et notamment le financement des

1. C'est-à-dire la répartition qui découle des seules activités de production (à l'exclusion des transferts).

systèmes de protection sociale, s'est aussi vu assigner une tâche de redistribution dite *verticale,* dont l'objectif est de réduire l'inégalité entre les hauts et les bas revenus. Elle utilise pour cela l'impôt sur le revenu ainsi que certains impôts sur le patrimoine (impôt sur la fortune, droits de succession, taxes foncières, droits de mutation, impôts sur les plus-values), certains de ces impôts étant caractérisés par le caractère progressif de leur taux.

La redistribution *horizontale,* quant à elle, cherche à réduire les inégalités de situation qui découlent de facteurs autres que le revenu. Par exemple, les inégalités entre malades et bien portants (assurance maladie), entre ménages sans enfants et ménages ayant des enfants à charge (allocations familiales), entre contribuables actifs et personnes âgées (assurance vieillesse, systèmes de retraite). Cette intervention est parfois présentée comme une sorte d'assurance, comme une protection contre des risques ; l'expression même de « sécurité sociale » évoque ce rapprochement. D'ailleurs, avant l'institution de la Sécurité sociale en France au lendemain de la seconde guerre mondiale, c'est à des *assurances sociales* que les salariés avaient recours pour se protéger. L'on voit bien cependant, si l'on met à part le cas de l'assurance maladie, laquelle effectivement a pour but de protéger l'assuré contre un des aléas de la vie, que c'est moins la notion de risque qui est aujourd'hui mise en avant que celle de solidarité et de justice sociale, ce qui s'éloigne du concept originel d'assurance. La distinction entre assurance et solidarité n'est cependant pas infranchissable ; on observera en effet que de nombreuses entreprises d'assurance se sont constituées sous forme mutualiste, de sorte qu'il existe une parenté réelle entre ces deux ordres de préoccupations.

Les grandes préoccupations auxquelles répondent les différentes catégories de prestations sont la retraite, la santé, la famille, le chômage et la pauvreté (ou exclusion). Si l'on met à part les allocations chômage, qui dépendent de la gestion paritaire des employeurs et des salariés, les prestations reçues sont les remboursements au titre de l'assurance maladie, les allocations familiales, les pensions de retraite, enfin les « *minima* sociaux » (on en compte huit en France, dont le RMI, l'allocation logement, etc.). C'est d'ailleurs là un point qui soulève de sérieuses difficultés, que l'on désigne par l'expression de « trappe à chômage ».

En effet, dans un pays comme la France[1], qui connaît déjà une législation sur le salaire minimum (le SMIC), tout bénéficiaire du RMI qui se voit proposer un emploi payé à un niveau proche du SMIC ne sera guère enclin à l'accepter car il perdra immédiatement tous les *minima* sociaux (allocation logement, majorations pour enfants à charge, etc.) qui lui étaient alloués quand il était encore au chômage. Il y a donc là un vrai problème, qui est souvent décrit comme une des composantes de la rigidité du marché du travail et qui expliquerait en partie l'importance du chômage structurel en France. Il est souvent question d'éviter ce piège en instituant un crédit d'impôt (quelquefois appelé « impôt négatif ») qui serait dégressif au fur et à mesure que l'intéressé retrouverait des conditions de rémunération plus élevées.

Les masses financières en jeu sont fort importantes : en 2001, les dépenses publiques représentaient, en France, environ 53,7 % du PIB. Les dépenses sociales

1. Un pays comme l'Australie connaît exactement le même problème. En France, le taux du chômage « structurel » est généralement évalué à 8 %.

constituent plus de la moitié de cet ensemble. Tout au long des années qui ont suivi la seconde guerre mondiale, ce sont ces dépenses sociales qui, dans tous les pays occidentaux, ont connu les plus forts taux de croissance. Bien entendu, le financement des dépenses publiques se traduit dans l'évolution des prélèvements obligatoires. Si nous prenons le cas de la France, ces prélèvements atteignaient, en 1999, 45,4 % du PIB sous diverses formes (impôts, CSG, cotisations sociales). Le cas de la France n'est pas unique ; on retrouve une évolution semblable dans la plupart des pays occidentaux.

Si nous étudions les données de quelques grands pays de l'OCDE en 2001, nous obtenons le tableau suivant, qui indique le taux des prélèvements obligatoires en pourcentage du PIB, ce taux de PO étant lui-même décomposé (toujours en pourcentage du PIB) en impôts et en cotisations sociales.

Taux des prélèvements obligatoires (PO) en pourcentage du PIB

	Taux de PO	*Impôts*	*Cotisations sociales*
France	45,4	28,9	16,5
Royaume-Uni	37,4	31,0	6,4
Allemagne	36,4	21,7	14,7
États-Unis	29,6	22,7	6,9
Japon	27,1	17,2	9,9

Source : OCDE.

L'on voit ainsi que, en 2001, le poids des prélèvements obligatoires était beaucoup plus important en France que dans les autres grandes puissances économiques.

Prenons garde toutefois de ne comparer que ce qui est comparable. Aux États-Unis, la sécurité sociale n'est pas comptée dans les prélèvements obligatoires. D'une façon plus générale, les pays anglo-saxons laissent une très large place à des systèmes d'assurances complémentaires dans le domaine de l'assurance maladie. Le système français, dans ce domaine, est conçu dans un tout autre esprit. Rappelons, d'autre part, qu'en France la sécurité sociale, outre l'assurance maladie, est en charge des allocations familiales et de l'assurance vieillesse. Les cotisations sociales concernent donc ces trois volets.

Les sommes ainsi transférées aux ménages au titre des prestations sociales sont fort importantes puisqu'elles représentent en France (en 1999) 27,8 % de leur revenu disponible brut avant impôts. Pour avoir une vue plus claire de la redistribution à laquelle on assiste ainsi, il faut prendre en compte les modalités du système fiscal. En France, on ne manquera pas de rappeler qu'un peu plus de la moitié des ménages ne sont pas redevables de l'impôt sur le revenu. Cet impôt a un caractère fortement progressif, de sorte que 20 % des contribuables assurent 80 % du produit de l'impôt sur le revenu[1]. La redistribution porte donc finalement sur des ordres de grandeur extrêmement importants.

Il n'en reste pas moins que tous les pays occidentaux connaissent, à des degrés divers, de graves soucis de financement de la protection sociale, soucis dus à l'allongement de la durée moyenne de la vie et aux coûts croissants qu'entraîne le progrès technique dans les équipements médicaux, notamment en raison de l'évolution des techniques de l'imagerie médicale, qui

1. On pourrait considérer, en somme, que les ménages exonérés sont devenus, en toute légalité, des « voyageurs sans billet ».

nécessite des investissements très onéreux[1]. Si le problème qui se pose ainsi aux pays évolués est considéré comme sérieux, c'est d'abord parce que d'année en année la part des dépenses de sécurité sociale s'élève par rapport au PIB ; c'est ensuite, plus généralement, parce qu'effectivement des difficultés croissantes apparaissent si l'on se contente de laisser le mouvement des dépenses publiques se poursuivre sans essayer de le discipliner et de tenir compte de l'évolution démographique. C'est là un problème général qui dépasse celui de la redistribution.

L'évolution des dépenses publiques

La croissance des dépenses publiques en longue période est un phénomène que l'on a observé depuis longtemps. Dès 1875, un économiste allemand, Adolf Wagner, en avait été tellement frappé qu'il avait cru pouvoir énoncer une loi, la loi de Wagner, selon laquelle la dépense publique avait tendance à croître plus vite que la production nationale. Wagner expliquait ce phénomène par le passage d'une société largement rurale à l'urbanisation ; les solidarités naturelles (liens de famille ou de voisinage) propres aux sociétés rurales devaient faire place à des dispositifs collectifs plus impersonnels et plus onéreux. On a tendance, aujourd'hui, à privilégier d'autres types d'explications, sur lesquelles nous reviendrons. Toujours est-il que le mouvement observé par Wagner s'est poursuivi dans la plupart des pays industriels, comme le montrent quelques données empruntées au FMI.

1. Le problème est particulièrement aigu en France, où un retard considérable a été accumulé dans ces équipements. Cf. D. Laurent (2000).

Dépenses publiques en pourcentage du PIB

Pays	*1870*	*1913*	*1920*	*1937*	*1960*	*1980*	*1996*
États-Unis	3,9	1,8	7,0	8,6	27,0	31,8	33,3
Japon	8,8	8,3	14,8	25,4	17,5	32,0	36,2
Allemagne	10,0	14,8	25,0	42,4	32,4	47,9	49,0
Royaume-Uni	9,4	12,7	26,2	30,0	32,2	43,0	41,9
Italie	11,9	11,1	22,5	24,5	30,1	41,9	52,9
France	12,6	17,0	27,6	29,0	34,6	46,1	54,5
Suède	5,7	6,3	8,1	10,4	31,0	60,1	64,7

Source : FMI.

On peut lire dans ces chiffres la préparation et l'effet des deux guerres mondiales puis, à partir de 1947, la montée en puissance des dépenses sociales, effet amplifié par les deux chocs pétroliers de 1973 et de 1979, et par le chômage massif que la France a connu depuis cette époque. D'une façon générale on notera que cette tendance d'évolution n'est pas particulière à la France car on la retrouve dans la plupart des pays occidentaux.

En 2002, les dépenses des administrations publiques de quelques pays de l'OCDE et de l'Union européenne se situaient comme suit par rapport au PIB :

États-Unis	34,6
Japon	40,2
Allemagne	48,6
Royaume-Uni	40,7
Italie	47,5
France	53,7
Moyenne OCDE	37,1*
Moyenne UE	47,4

* Données de 2001.

Sources : OCDE et EUROSTAT.

L'on voit ainsi que les dépenses publiques occupent une place considérable dans le produit intérieur brut des pays occidentaux, et que la France en particulier voit plus de la moitié de ce produit transiter par les caisses publiques, ce qui amène à se poser un certain nombre de questions. En premier lieu, pourquoi la France, ainsi que l'Allemagne et un certain nombre de pays de l'Europe du Nord, connaît-elle une croissance aussi importante de ses dépenses publiques ? En second lieu, ce mouvement est-il réversible ou est-il destiné à se poursuivre indéfiniment ?

Comment expliquer la croissance de la dépense publique ? – Nous avons vu, sur une longue période, que ce mouvement a plusieurs fois été tributaire de quelques grands événements historiques, comme les guerres, les chocs pétroliers, le chômage de masse. Il faut y ajouter les facteurs démographiques en ce qui concerne certains postes comme l'assurance maladie ou les retraites. Tout cela est intégré dans le vaste mouvement qu'a représenté le développement du *welfare state,* ou État-providence, après la seconde guerre mondiale. De tels mouvements correspondent à des aspirations si profondes qu'ils comportent en eux-mêmes une certaine inertie et qu'il devient politiquement difficile, voire impossible, d'envisager un brutal changement de cap, même lorsque la situation est redevenue plus normale. Les particularités propres à certains pays, tel le statut de la fonction publique, accroissent la rigidité du système en rendant très difficile le redéploiement des personnels en fonction des circonstances nouvelles. Un corps d'explication, sous le nom de « théorie des choix publics », a permis, depuis les années 1960, d'éclairer le problème.

La théorie des choix publics et l'intérêt des serviteurs de l'État. – La puissance publique n'est pas un ensemble abstrait de despotes bienveillants. L'on sait depuis longtemps que l'intérêt collectif n'est pas en toute circonstance la motivation unique des hommes qui travaillent au sein des grandes organisations, qu'elles soient publiques ou privées. Ne pas tenir compte du caractère complexe de leurs comportements et de leurs motivations personnelles équivaut à traiter l'État comme une « boîte noire », ce que l'on a souvent fait dans la théorie de la firme et dans celle des administrations. Il faut donc se féliciter que, depuis les années 1960, on ait pu voir se développer une théorie de la bureaucratie et une théorie des « choix publics » *(public choice)*[1] dont le but est précisément de prendre en compte les motivations auxquelles obéissent les hommes qui peuplent les organisations d'État, ainsi que les acteurs politiques dont ils dépendent. Ces travaux ont en effet attiré l'attention sur deux principaux types de phénomènes.

En premier lieu, au sein même des administrations, les dirigeants ont tendance à considérer comme un signe d'importance, donc de succès, la croissance du nombre de fonctionnaires qui sont placés sous leurs ordres. Toutes choses égales d'ailleurs, ils s'efforcent de faire croître leur budget de fonctionnement de période en période. Le même raisonnement permet de comprendre que les directeurs opposent une forte résistance à toute compression de personnel, même justifiée par un changement des circonstances ou par le souhait de voir s'améliorer la productivité des personnels. On a donc affaire à un « effet de

1. Cf. Buchanan et Tollison (1972), L. Weber (1978 et 1991), M. Mougeot (1989), Bienaymé (1992), Pondaven (1995).

cliquet » : l'évolution des personnels ne peut se faire qu'en un seul sens, celui de l'augmentation des effectifs.

Le second élément explicatif qui entre en jeu est celui de l'*illusion fiscale*. On entend, par là, le fait que tout accroissement de la dépense publique sur tel ou tel poste budgétaire paraît peu coûteux à ses futurs bénéficiaires à partir du moment où le fardeau en est partagé entre un grand nombre de contribuables. Cette considération est d'autant plus importante que l'on a affaire à un système fiscal où l'impôt sur le revenu est fortement progressif ; l'impôt est alors indolore pour les ménages du bas de l'échelle des revenus, lesquels sont précisément les plus nombreux et sont électeurs.

Dans certains pays, notamment en France, le phénomène joue à plein car plus de la moitié du nombre des ménages sont exonérés de l'impôt sur le revenu. Cet effet est renforcé par l'inégalité de la répartition des revenus, telle qu'elle ressort par exemple de la comparaison entre le revenu moyen et le revenu médian[1]. C'est ainsi qu'en France, en 1998, le salaire net médian était de 8 830 F, tandis que le salaire net moyen était de 10 930 F. On comprend dans ces conditions que, par exemple, l'accroissement des effectifs des administrations publiques, dont le coût représente la plus grande partie des coûts de fonctionnement des administrations, se heurte à une résistance politique négligeable. Une comparaison internationale

1. Précisons que le revenu moyen correspond à la moyenne arithmétique des revenus. Le revenu médian est le revenu tel que 50 % de personnes perçoivent plus et 50 % reçoivent moins. Si le revenu médian est moins élevé que le revenu moyen, cela indique que les bas revenus sont plus nombreux dans la répartition totale. C'est donc un moyen de mesurer l'inégalité de la distribution des revenus.

du pourcentage de l'emploi des administrations publiques dans l'emploi total pour l'année 2004 donnera une idée des ordres de grandeur en jeu.

États-Unis	15,5
Japon	9
Allemagne	11
Royaume-Uni	18,6
Italie	16
France	22,8
Moyenne UE	16,6

Source : OCDE.

Il semble bien que, parmi les pays de l'OCDE, la France occupe, de ce point de vue, une place exceptionnelle. Elle n'est sans doute pas loin de représenter un cas limite.

La théorie du *public choice* renforce encore les considérations précédentes en schématisant le comportement des hommes politiques de la façon suivante : les politiciens aspirent à être élus, ou à être réélus s'ils sont déjà en place. Pour ce faire, ils doivent s'appuyer sur les catégories les plus nombreuses du corps électoral ; si les titulaires de revenus inférieurs à la moyenne sont plus nombreux que les titulaires de revenus supérieurs (ce qui correspond au cas décrit par la n. 1, p. 86, où le revenu médian est inférieur au revenu moyen), le candidat aux élections aura intérêt, toutes choses égales d'ailleurs, à se faire l'avocat d'une plus importante redistribution des revenus, fût-ce au prix d'une augmentation des prélèvements obligatoires et des dépenses publiques. Ce mouvement, cependant, ne peut pas se poursuivre indéfiniment.

Les limites de la croissance des dépenses publiques. – L'emploi public entre dans la catégorie des emplois non marchands. De ce fait, un problème particulier est posé. En effet, tandis que les emplois marchands se financent eux-mêmes grâce au produit des ventes des employeurs, les emplois non marchands ne peuvent être créés que grâce à un financement coercitif : l'impôt. Il faut donc être bien assuré de leur utilité sociale pour imposer aux contribuables cette charge supplémentaire. Pour les emplois du secteur marchand, la question ne se poserait pas car les employeurs en assumeraient la charge financière ; si celle-ci n'était pas justifiée, l'entreprise ne manquerait pas de rectifier le tir. Le secteur non marchand connaît de tout autres conditions de fonctionnement. Toute création d'un emploi public à statut impose une charge dont le poids se fera sentir pendant une trentaine d'années. On introduit ainsi dans l'économie un facteur de rigidité qui est accentué par l'existence d'un statut de la fonction publique, avec une grille de rémunérations fixe et une distinction stricte entre les différents corps de fonctionnaires, de sorte que la mobilité du personnel à l'intérieur du secteur non marchand se trouve fortement réduite.

Sur le strict plan économique, on peut remarquer que rien n'est plus difficile à calculer que la productivité du secteur non marchand. La comptabilité nationale a recours à une fiction comptable : la production du secteur non marchand est censée être exactement égale à son coût de production, le tout représentant la valeur ajoutée brute non marchande. Il s'agit d'un procédé comptable, qui n'a en lui-même aucune signification économique. Les conséquences pratiques de cette situation ne sont pas négligeables : le secteur non marchand n'est guère touché, quant à ses effectifs, par l'évolution du progrès technique, ce qui ne manque pas de surprendre si l'on considère les progrès accomplis par l'informatique et, plus généralement, par la bureautique dans le travail des administrations.

On comprend dès lors pourquoi l'appel souvent lancé au redéploiement des ressources humaines dans les administrations est destiné à rester un vœu pieux[1]. La résistance héroïque et victorieuse qu'a souvent opposée par exemple en France l'administration des finances à toute réforme de structure de son organisation n'est qu'un exemple parmi d'autres de cette rigidité. Cela explique *a contrario* pourquoi la Suisse a récemment décidé, à la suite d'un référendum, de mettre fin au statut de la fonction publique, la faisant ainsi entrer dans le droit commun de la condition salariale. Ce cas, à vrai dire, est exceptionnel. Néanmoins, plusieurs autres pays s'engagent dans une série de réformes qui tendent à rapprocher le statut et les méthodes de travail de la haute fonction publique des conditions qui prévalent dans le secteur privé, en particulier en ce qui concerne la mobilité des personnels et leur mode de rémunération ; c'est notamment le cas du Danemark, des Pays-Bas, du Royaume-Uni et de l'Italie. La direction de ce mouvement est tout à fait claire ; elle correspond au souhait de voir le secteur public gagner en souplesse et en réactivité.

Le problème de la limite des dépenses publiques est lié à leur croissance car ce mouvement de croissance implique automatiquement, dans un pays à impôts fortement progressifs, que l'on alourdisse la charge qui pèse sur les catégories moyennes supérieures et su-

1. On ne peut guère l'envisager que dans une gestion prévisionnelle des ressources humaines et à l'occasion des départs en retraite. Notons qu'en France près de la moitié des fonctionnaires en activité atteindront l'âge de la retraite avant 2010. Les possibilités *techniques* de compression ne seront donc pas négligeables.

périeures de la population, ainsi que sur les entreprises. La limite de ce mouvement, en ce qui concerne les ménages, est principalement psychologique ; elle se traduit par la lassitude, voire la révolte des contribuables ainsi que par leur découragement lorsqu'ils se rendent compte que l'État décide de l'affectation de plus de la moitié du PIB sans qu'ils aient pratiquement leur mot à dire. Un pays ne se met pas dans une telle situation sans que sa réputation en souffre ; il est toujours périlleux de donner l'impression qu'il est mal vu de s'y enrichir. Quant aux entreprises, la charge fiscale s'exerce aux dépens de leurs capacités d'investissement et de la situation de leurs cadres supérieurs. Dans certains cas elle peut constituer un facteur dissuasif pour un investissement nouveau, une incitation à se délocaliser ou, tout au moins, à transférer leur siège social à l'étranger.

Ce mouvement de croissance de la dépense publique est généralement justifié par des raisons de justice sociale et, notamment, par la prise en considération d'une importante pauvreté dans la société. Effectivement deux catégories de personnes sont affectées par la pauvreté : les chômeurs pauvres et les travailleurs pauvres (les *working poors*). La pauvreté est, dans chaque pays, mesurée selon une convention qui lui est spécifique ; en France, on considère habituellement qu'est pauvre toute personne dont le revenu est inférieur de 50 % au revenu médian, ce qui correspondrait à un revenu mensuel situé à environ 535 € pour un ménage. La population concernée par la pauvreté est considérable en France malgré les transferts sociaux, car, outre les travailleurs pauvres (environ 1 300 000 personnes), il faut compter les personnes qui vivent avec eux, ainsi que les chômeurs pauvres, soit au total près de 2 millions de personnes auxquelles il faut ajouter plus de 800 000 enfants[1]. Les personnes qui se trouvent dans cette situation cumulent généralement plusieurs handicaps, individuels ou familiaux. Ce sont des actions de longue durée (alphabétisation, formation professionnelle) qui peuvent apporter une amélioration à leur condition. Des exemples encourageants sont donnés par les Pays-Bas, le Royaume-Uni. La France commence aussi à s'y engager.

Il s'agit, de toute manière, d'une impérieuse nécessité, non seulement pour des raisons humanitaires, mais aussi parce qu'en soulageant cette misère le pays retrouvera une plus grande cohésion sociale et un surcroît de forces pour s'engager dans un processus de croissance. Si l'on considère qu'il s'agit là d'une tâche prioritaire et qu'en même temps l'on a conscience que les facultés contributives ont atteint une sorte de limite, cela rend d'autant plus indispensables la réforme de l'État et le redéploiement de ses ressources en personnel.

En d'autres termes, on s'aperçoit que les gouvernements ont à réaliser un délicat arbitrage entre le souci de la justice sociale et la poursuite de l'efficacité économique.

La fonction de stabilisation

Nous abordons ici la troisième grande fonction économique que l'analyse de Musgrave assignait à l'État. Au lendemain de la seconde guerre mondiale, un but recueillait l'accord de la plupart des économistes occi-

1. D'après une enquête de l'INSEE, in *Économie et statistique*, n° 335, décembre 2000 ; étude prolongée, *ibid.*, n° 383-384-385, décembre 2005. Près de 4 millions de personnes seraient donc concernées.

dentaux : c'était de stabiliser la conjoncture afin de s'approcher le plus possible d'un état de plein emploi et d'y maintenir l'économie de façon durable.

Pour ce faire, les responsables de la politique économique étaient censés mettre en œuvre une combinaison judicieuse (un bon *policy mix*) des instruments dont ils disposaient : la politique budgétaire et la politique monétaire. La politique conjoncturelle idéale était conçue comme devant permettre au produit intérieur brut d'évoluer en se tenant le plus près possible de sa croissance potentielle[1]. La politique économique devait donc être essentiellement contracyclique, freinant la conjoncture lorsqu'elle s'emballait, s'efforçant de la relancer lorsque des signes de récession apparaissaient. C'est surtout à la politique budgétaire que l'on avait recours pour opérer ce « réglage fin » *(fine tuning)* qu'on tâchait de réaliser en utilisant les indicateurs conjoncturels avancés dont disposaient les instituts de la statistique. L'essentiel de l'analyse de la situation conjoncturelle et des prévisions de court et moyen termes dans les principaux pays occidentaux reposait sur des modèles d'inspiration keynésienne.

Au fur et à mesure de l'ouverture de plus en plus accentuée des économies nationales sur l'extérieur, des difficultés nouvelles sont apparues dans la poursuite de la politique conjoncturelle. En particulier, on a pu s'apercevoir qu'il serait particulièrement dangereux pour un gouvernement d'adopter une politique qui le mettrait en décalage avec celle de ses principaux partenaires commerciaux. C'est notamment l'expérience

1. La croissance potentielle d'une économie est mesurée par les prévisions que l'on fait quant à l'évolution de la population active, du capital et du progrès technique dans le pays lorsque les facteurs de production sont pleinement utilisés.

qu'a pu faire le gouvernement français en 1981 lorsqu'il s'est engagé dans une politique de relance destinée à réduire le chômage, expérience qui s'est avérée catastrophique et qui a rendu nécessaire en 1983 un virage à 180° et l'engagement dans une politique de « désinflation ».

Depuis cette époque, la plupart des gouvernements ont tenu à faire jouer le rôle prépondérant à l'instrument monétaire dans leur politique conjoncturelle, assignant à la Banque centrale la tâche de maintenir la stabilité des prix afin de se protéger contre tout danger d'inflation. Cette conception est celle qui prévaut désormais pour l'Union européenne dans son ensemble. Le pacte de stabilité et de croissance adopté lors du traité d'Amsterdam (1997) vise précisément à contenir la politique budgétaire dans d'étroites limites afin d'éviter à l'Union toute dérive inflationniste. Le propre de l'inflation est en effet de compromettre le caractère durable de la croissance et d'imposer des coups de frein pour stabiliser l'économie. Cette alternance des politiques de relance et des politiques de stabilisation, plus connue sous le nom de « politique de *stop and go* », a été la malédiction de pays comme le Royaume-Uni et la France des années 1950 aux années 1980.

Le mouvement auquel on assiste désormais dans les pays les plus avancés est parfois décrit comme un passage de la « politique de la demande » à la « politique de l'offre ». La politique de la demande était une politique d'inspiration keynésienne tendant à stimuler la demande globale en utilisant plusieurs instruments tels que l'augmentation des *minima* sociaux, du SMIC et du RMI afin d'encourager la « consommation populaire ». La politique de l'offre met l'accent sur les mesures propres à favoriser le dynamisme des entreprises par une réduction des impôts (aussi bien l'impôt sur les sociétés que l'impôt sur le revenu), par une baisse des charges sociales sur le travail, et par des efforts de formation de la main-d'œuvre et d'encouragement à l'investissement et à l'innovation[1]. L'Allemagne, le Royaume-Uni et l'Espagne se sont engagés dans cette voie ; la France semble enfin s'y décider, comme en témoignent les initiatives prises récemment (2005) sur la constitution de pôles de compétitivité. Il s'agit, en somme, de passer d'une politique de stabilisation conjoncturelle à une politique de croissance. Cela implique un grand renversement des perspectives ; les pays les plus performants (États-Unis, Chine, Japon, Inde) misent pour cela sur un important effort de formation de capital humain, en particulier dans l'enseignement supérieur, scientifique et technique. Les pays européens ont perdu beaucoup de terrain dans ce domaine, qui conditionne pourtant les développements futurs.

La grande difficulté des politiques de stabilisation conjoncturelle réside dans les *délais* que leur action exige. Par exemple, on a constaté que toute variation de l'offre de monnaie met entre six et dix-huit mois à se répercuter dans l'économie. Cela est grave car on risque en ce cas d'agir à contretemps ; par exemple, à un moment où la situation du marché du travail est difficile, on prend des mesures pour améliorer la situation de l'emploi, et ces mesures ne commenceront à produire leurs effets qu'au moment où la situation conjoncturelle se sera retournée. Cette considération incite les banques centrales à envoyer aux marchés des signaux clairs et à imprimer à la politique monétaire

1. Il s'agit, en somme, de stimuler la croissance de la production en longue période car c'est de la production que proviennent les revenus.

un mouvement qui s'écarte aussi peu que possible de l'évolution probable de la croissance potentielle de l'économie.

Il faut, d'autre part, que les instruments de régulation employés soient *réversibles,* ce qui conduit à manier avec une extrême prudence l'instrument budgétaire, précisément en raison de l'effet de cliquet que nous avons pu remarquer plus haut en matière de dépense publique, effet qui fonctionne toujours dans le même sens, celui de l'augmentation du volume de la dépense, interdisant ainsi de revenir en arrière. D'autre part, les déficits budgétaires annuels accroissent de façon cumulative le poids de la dette publique, accroissement qui est inéluctable dans tous les cas où le taux d'intérêt est supérieur au taux de croissance du PIB. En laissant filer le déficit, on constaterait que le service de la dette finirait par s'imposer comme un des premiers postes budgétaires de l'État[1], réduisant ainsi la marge de manœuvre du gouvernement et absorbant une part croissante de l'épargne des ménages. C'est pourquoi le traité de Maastricht a limité à 60 % du PIB le poids admissible de l'endettement de chacun des pays de la zone euro. Cela marque la limite des déficits budgétaires supportables (3 % du PIB selon les critères de Maastricht). On ne peut se redonner une marge de jeu qu'en remboursant progressivement la dette, ce qui suppose des excédents budgétaires.

S'agissant de la politique de l'emploi, la France s'est singularisée par deux types particuliers de mesures. Le gouvernement a décidé en 1997 de créer dans le secteur non marchand 350 000 « emplois-jeunes » correspondant à des contrats à durée déterminée de cinq ans. D'autre part, une politique de

1. Le service de la dette constitue d'ores et déjà (2005) le deuxième poste civil du budget de l'État.

« partage du travail » avait été entreprise en 1981, faisant passer la durée de la semaine de travail de quarante à trente-neuf heures et ramenant l'âge de la retraite à 60 ans. Dans le même esprit, il a été décidé en 1997 de ramener la durée de la semaine de travail à trente-cinq heures suivant un système assez compliqué comportant une incitation aux entreprises au moyen de primes, un fort renchérissement des heures supplémentaires ainsi que leur rationnement, afin de dissuader les entreprises d'y recourir.

Les économistes portent un jugement réservé sur ces mesures. La loi relative aux trente-cinq heures a pour effet inévitable de hausser les coûts salariaux, ce qui ne constitue pas précisément une mesure favorable à l'emploi. Les mêmes avantages ont dû être consentis au personnel du secteur non marchand, ce qui a accentué le déséquilibre financier de ce secteur et désorganisé les services. Comme d'autre part cette loi réduit mécaniquement la productivité du travail, elle ralentit de ce fait la progression des salaires réels. La France a ainsi consenti des primes compensatrices onéreuses aux entreprises afin de réduire d'autorité son potentiel de croissance en longue période. On comprend qu'aucun pays n'ait été tenté de suivre cet exemple.

Concernant l'âge de la retraite, un important problème de financement se posera tôt ou tard en raison du vieillissement de la population et du très mauvais rapport du nombre des actifs au nombre des inactifs, particulièrement en France. Songeons que, d'ores et déjà, le taux d'activité de la population âgée de 55 à 64 ans était en 2004 de 37,3 % en France, 39,2 % en Allemagne, 56,2 % au Royaume-Uni, 65,7 % au Japon et 60,1 % aux États-Unis. On comprend, dans ces conditions, que le gouvernement issu des élections législatives de 2002 ait entrepris diverses réformes, comme le remodelage du régime des retraites et comme la révision des conditions d'application de la loi des trente-cinq heures, afin de mieux garantir la pérennité du régime des retraites et d'atténuer certains des inconvénients inhérents à la législation sur la réduction de la durée du travail.

En tout cas, ces mesures (les trente-cinq heures et l'abaissement de l'âge de la retraite) ont en commun d'être des mesures structurelles : il s'agit d'une modification des règles du jeu conçue comme devant être permanente. Comme elles sont difficilement réversibles, cela interdit de les considérer comme faisant partie d'une véritable politique de stabilisation conjoncturelle.

Quelques données recueillies par le Fonds monétaire international nous aident à faire le point sur l'état du chômage (en pourcentage de la population active) dans les principaux pays industrialisés, dont quelques pays européens pris isolément :

	1982-1991	*1992*	*1993*	*1994*	*1995*
Moyenne du G7	6,9	7,1	7,2	7,0	6,7
France	9,5	10,3	11,6	12,3	11,7
Italie	10,5	10,7	10,1	11,1	11,6
Espagne	18,6	18,4	22,7	24,2	22,9
Irlande	15,1	15,2	15,5	14,1	12,1
	1996	*1997*	*1998*	*1999*	*2004*
Moyenne du G7	6,7	6,5	6,2	6,1	6,4
France	12,4	12,5	11,7	11,0	9,7
Italie	11,6	11,7	11,8	11,4	8
Espagne	22,2	20,8	18,8	15,9	10,8
Irlande	11,5	9,8	7,4	5,6	4,5

Source : FMI.

Parmi les pays figurant dans ce tableau, seules l'Irlande, l'Espagne et l'Italie ont accompli des progrès substantiels. Les autres semblent avoir du mal à redresser leur situation.

Il semble, en somme, que les pays qui, selon des procédés divers, ont pris des initiatives micro-économiques interférant avec le jeu ordinaire des marchés, n'ont obtenu que des résultats décevants. La création volontaire d'emplois dans le secteur non marchand ne fait guère qu'alourdir les charges publiques. Les politiques d'assistance aux chômeurs ne sauraient tenir lieu d'une politique de l'emploi, et les phénomènes de « trappe à chômage » sont là pour nous rappeler que les simples politiques d'assistanat peuvent fort bien produire des effets pervers. C'est encore la croissance économique qui constitue le meilleur espoir d'amélioration de la situation de l'emploi.

La tendance générale actuelle est donc, pour l'État, de se recentrer sur ses attributions régaliennes traditionnelles en se dégageant d'activités de production marchande, qui lui sont de plus en plus étrangères dans un monde de concurrence internationale, et aussi d'aborder de façon plus prudente les politiques de redistribution. Les gouvernements y sont d'ailleurs poussés par le fait qu'ils sont en économie ouverte et que la concurrence mondiale ne se fait pas seulement sur les produits mais aussi sur le pouvoir attractif des sites de production. La fiscalité, la formation de la main-d'œuvre, la liberté de manœuvre des entreprises sont aussi des arguments puissants lorsqu'il s'agit d'attirer, ou de retenir, des investissements étrangers.

Quant à la politique conjoncturelle, il apparaît de plus en plus qu'elle accorde une place prépondérante à la politique monétaire afin de préserver la stabilité de la monnaie. L'heure n'est plus aux politiques budgétaires dites « keynésiennes » des années 1960 ; la maîtrise des finances publiques s'imposera de façon impérieuse. Tout gouvernement qui voudra conserver un rôle contracyclique à sa politique budgétaire sera contraint de dégager un excédent en période d'expansion afin d'admettre un certain déficit pour relancer l'économie en cas de récession. En somme, les gouvernements européens traitent désormais avec plus de respect les mécanismes du marché. Il est vrai qu'ils étaient allés très loin dans la voie de l'intervention et que l'on assiste actuellement à une correction bien modeste mais nettement perceptible des illusions dirigistes en vogue depuis 1945.

Selon des degrés et des modalités diverses, l'on voit donc les pays industriels européens s'engager dans un type de système que l'on peut qualifier de social-démocrate, en ce sens que nous avons affaire à des économies de marché, insérées dans un système politique parlementaire, dotées de dispositifs importants de protection sociale[1]. Qu'il s'agisse d'une variante du capitalisme n'est pas douteux : c'est essentiellement le mécanisme des prix qui gouverne l'affectation des ressources productives, et cela d'autant plus que les économies nationales sont désormais ouvertes et qu'elles entrent dans des regroupements dont l'Union européenne est l'exemple le plus marquant. L'Union européenne est elle-même ouverte et participe de ce grand mouvement de mondialisation qui caractérise notre époque. C'est ce contexte général qui assigne ses limites à l'intervention de l'État dans l'économie de mar-

1. Remarquons cependant que même le régime des États-Unis comporte d'importants éléments d'intervention sociale dans le domaine de l'enseignement par exemple ou dans celui du système de santé. Schumpeter considérait déjà que le *New Deal* de Roosevelt constituait un premier pas vers le socialisme !

ché : les différents pays pourront conserver leur spécificité et leurs traditions propres, dans la mesure où les charges et les obligations qu'ils s'imposent ainsi ne compromettront pas leurs chances dans la grande compétition mondiale, ce qui revient à dire que l'État lui-même devra s'efforcer d'être compétitif.

Chapitre V

LE CAPITALISME ET SES ENNEMIS

Depuis la disparition de l'URSS en 1991, la guerre froide qui a opposé l'Est à l'Ouest après 1945 s'est soldée par la victoire décisive du système capitaliste. Faute d'un système alternatif crédible, on aurait donc pu penser que le capitalisme ne rencontrerait plus d'adversaires. Rien pourtant ne serait plus faux : si, comme l'écrivait Lénine, les faits sont têtus, il faut bien admettre qu'idéologies, préjugés et systèmes de pensée le sont plus encore.

Nous touchons ici au domaine de l'irrationnel, dont Schumpeter (1942) avait bien perçu la nature lorsqu'il expliquait, sans s'en réjouir, que le capitalisme serait vaincu et remplacé par le socialisme, non pas à cause de ses échecs mais, au contraire, en raison de ses succès. Les principaux ennemis du capitalisme, pensait-il, ne se recrutent pas au sein de la classe ouvrière mais chez les « intellectuels », classe d'éternels frustrés, car, dotés du savoir, ils ne détiennent pas le pouvoir. Esprits essentiellement critiques, prescripteurs de morale, donneurs de leçons, ils parviennent à donner mauvaise conscience à la bourgeoisie, d'autant plus que la démocratie, respectueuse de la liberté d'expression, leur donne toute latitude pour exposer leurs thèses et pour persuader les nantis de l'iniquité à laquelle ils doivent leur situation privilégiée.

VILLEBON-sur-YVETTE Médiathèque Municipale 91140 (Essonne)

Loin de savoir gré au système capitaliste du formidable accroissement de richesses qu'il a engendré, ils considèrent ce phénomène comme un acquis naturel. L'évolution économique même, en raison du caractère de plus en plus abstrait que donne à l'économie la prépondérance des marchés financiers, rendrait difficile à la bourgeoisie d'opposer son propre système de valeurs. D'où la remarque sarcastique de Schumpeter : « La Bourse est un pauvre substitut du saint Graal. » Le fait pour la bourgeoisie de se contenter de son sort ne constitue pas un programme très mobilisateur ; elle se contente de survivre et de s'enrichir en résolvant les problèmes pratiques inhérents à la gestion des économies de marché. Le capitalisme, en effet, ne constitue pas un programme doctrinal mais seulement un ensemble de procédés pratiques, ce qui n'est guère propre à exalter les esprits. On imagine mal un parti politique qui défilerait dans les rues en écrivant : « Enrichissez-vous » sur ses bannières !

L'influence des intellectuels est en effet indéniable car on la retrouve à la source des plus grands mouvements révolutionnaires, qu'il s'agisse de la Révolution française ou de la révolution russe, toutes circonstances historiques où la classe dominante ne croyait plus en ses propres valeurs.

L'écroulement du système soviétique semble avoir apporté le démenti le plus net aux prédictions de Schumpeter ; les économies socialistes ne subsistent plus qu'en Birmanie, à Cuba et en Corée du Nord, pourtant les ennemis du capitalisme n'ont pas désarmé. Il est intéressant de voir sur quels arguments et sur quelles attitudes vitales se fonde leur hostilité. Nous serons ainsi amenés à évoquer l'hostilité doctrinale au capitalisme, sous les diverses formes qu'elle revêt. Au-delà des arguments échangés, nous pourrons mettre en lumière une hostilité viscérale dont nous essaierons d'identifier la nature.

Le capitalisme face aux critiques raisonnées

Dès le XIXe siècle, le capitalisme a dû faire face à des doctrines qui mettaient en cause sa légitimité ou sa viabilité. Toutes se réclamaient du socialisme. Plus précisément, le marxisme demeure la principale source d'inspiration de ces critiques. Sans renier l'héritage de Marx, c'est sous d'autres formes que se manifestent les critiques contemporaines ; nous pourrons en évoquer quelques-unes. Elles ont pour trait commun d'identifier le capitalisme à ce qu'on appelle souvent le « capitalisme sauvage », fruit d'une idéologie que l'on qualifie de libérale, néolibérale ou ultralibérale.

Cette position, chez ceux des adversaires du capitalisme qui se trouvent être des économistes, aboutit en fait à unir dans une même condamnation le capitalisme, comme système d'organisation économique et sociale, et la théorie économique moderne. Celle-ci ne ferait que constituer la forme prétendument scientifique de l'idéologie libérale. Le noyau dur de cette idéologie se trouverait dans la « théorie néoclassique ». On entend par cette expression l'analyse micro-économique issue de la révolution marginaliste des années 1870. Ce mouvement théorique a définitivement détrôné les théories classiques de la valeur-travail dont la théorie de Marx était le dernier avatar. Encore aujourd'hui, la théorie macro-économique, c'est-à-dire la partie de la théorie qui décrit les relations entre les grands ensembles agrégés, admet la validité de l'analyse micro-économique marginaliste en tant que schéma explicatif des comportements économiques[1].

Les adversaires du capitalisme se posent donc comme des antilibéraux, et ils incluent dans leur rejet l'essentiel de la théorie économique moderne sous sa forme néoclassique. Ils assimilent en effet cette dernière à une idéologie conservatrice issue de la pensée économique « dominante », voire de la « pensée unique », ce qui prend une connotation sinistre, évocatrice de la dictature et des régimes totalitaires. Certains vont jusqu'à dénoncer une « dictature libérale », voire un « libéralisme totalitaire » ou encore la « dictature des marchés », contradiction dans les termes qui ne manque pas de surprendre car les marchés, après tout, ne font que traduire les préférences de ces milliers d'électeurs que sont les consommateurs, les entreprises et les actionnaires. Voici les reproches les plus fréquents qu'adressent aux économistes du « courant dominant » les pourfendeurs de la pensée unique.

L'*homo œconomicus.* – En premier lieu, disent-ils, la vision de l'homme qu'imposent les économistes néoclassiques est une vision tronquée, celle d'un *homo œconomicus,* pure fiction mettant en scène un robot occupé à optimiser ses choix en calculant le maximum des fonctions d'objectif représentatives de son intérêt personnel. Cet être purement occupé de lui-même, dont l'horizon se limite à ses possibilités de calcul, ne correspond à aucune réalité obser-

1. Cela reste vrai, bien que l'analyse micro-économique ait beaucoup évolué depuis les années 1870.

vable. C'est un homme *unidimensionnel,* comme aurait dit Marcuse, dont les motivations complexes sont réduites à une seule. Cela montre bien le caractère réducteur de la théorie économique dominante.

Ce reproche, qui est souvent adressé aux économistes, repose pourtant sur un malentendu ou sur une caricature. Les théoriciens de la micro-économie savent fort bien que les hommes ne sont pas purement rationnels et que leurs choix obéissent à des motivations multiples dont les passions, les caprices et même les inconséquences ne sont pas absents. Tout ce qu'ils ont besoin de supposer au départ, c'est que les hommes sont *capables* de raisonner ; dès lors, parmi leurs multiples motivations, il suffira que figurent des motivations économiques pour qu'il soit possible aux économistes de prévoir de quelle façon le mouvement de telle ou telle variable économique va affecter le comportement d'un groupe humain donné. Les recherches économétriques reposent précisément sur de tels principes, et les économètres n'ont guère besoin de sonder les reins et les cœurs pour tenter de faire des prévisions.

Les défaillances du marché. – Un autre reproche que l'on adresse à l'analyse micro-économique est de reposer sur des visions très simplificatrices de la réalité, comme la théorie de l'équilibre économique général ou l'hypothèse de la concurrence pure et parfaite. C'est oublier, dit-on, toutes les imperfections et toutes les défaillances qui affectent les marchés observables ; en ce cas, les analyses néoclassiques ne sont que des fictions formalisées, dont la fonction est de laisser croire que les économies de marché tendent à réaliser l'équilibre et l'optimum. Ce seraient des théories implicitement normatives puisqu'elles laisseraient penser que l'économie de marché correspond au meilleur des mondes.

Ici encore, on prête aux théoriciens une naïveté, et une malhonnêteté intellectuelle, qu'ils sont loin d'avoir. Ils ont été les premiers à faire l'analyse des défaillances du marché et ils ont précisément utilisé ces travaux pour préconiser dans certains cas l'intervention correctrice de l'État (cf. chap. IV). Quant à l'existence de marchés non concurrentiels, on doit leurs premières études à des économistes néoclassiques, et ce sont précisément ces analyses qui ont inspiré les politiques anti-trusts et les institutions destinées à assurer les conditions d'une concurrence praticable.

Faut-il enfin rappeler que ce sont des économistes néoclassiques, comme Barone, Lange, Lerner qui ont appliqué leurs schémas à l'hypothèse d'une économie socialiste pour démontrer à quelles conditions le calcul économique y serait concevable, recherches qui n'ont d'ailleurs jamais débouché sur aucun essai d'application dans les pays socialistes ?

La mondialisation financière. – On rencontre d'autre part, fréquemment, une accusation non pas contre la théorie économique dominante mais contre les tendances observables dans le capitalisme contemporain. Il s'agit des méfaits supposés de la finance et de la mondialisation. La financiarisation de l'économie, autrement dit la place prépondérante acquise par les marchés financiers, soumettrait l'économie « réelle » au diktat de l'argent et introduirait dans l'évolution des activités productives un élément d'instabilité que même les gouvernements ne pourraient plus maîtriser.

Dans un système économique mondial, les gouvernements nationaux ne disposent plus d'instruments de régulation à la mesure des problèmes : qu'il suffise de rappeler que les flux financiers quotidiens sont cinquante fois plus importants que les transactions portant sur les biens et les services ; en face de cette situation, les fonds de placement privés (fonds communs de placement, fonds de pension, etc.) sont supérieurs au total des réserves des Banques centrales ; ces mêmes réserves ne représentent que la moitié du volume quotidien des transactions sur le marché des changes.

Or le danger d'instabilité existe car les opérateurs sur ces marchés internationaux se livrent à des arbitrages très rapides et souvent très risqués, leurs comportements ont tendance à être moutonniers et à « décrocher » par rapport aux fondamentaux de l'économie. La spéculation constituerait ainsi un danger permanent pour l'économie réelle car on risque toujours de voir se former des bulles spéculatives. Des exemples nombreux sont invoqués, depuis l'effondrement de la banque Barings jusqu'à la crise financière du Mexique en 1994, celle de la Thaïlande en 1997 ou celle de l'Argentine ou de la Turquie en 2000. D'où la suggestion, souvent faite dans certains milieux politiques ou dans certaines associations de gauche, de taxer les mouvements financiers transnationaux, particulièrement sur le marché des changes, conformément à une idée qu'avait eue dans les années 1970 l'économiste américain James Tobin, et d'affecter le produit de cette taxe à l'aide aux pays sous-développés.

La faiblesse de cette argumentation tient au fait qu'elle sous-estime les avantages de la mondialisation des mouvements financiers. Ils ont pourtant permis une meilleure allocation des ressources financières, notamment en favorisant une diversification rationnelle des placements, et donc des risques, notamment des risques de change, ce qui ne peut que favoriser les investissements directs à l'étranger. Les placements, par définition, finissent par s'investir dans des entreprises, de sorte que l'opposition entre la sphère financière et la sphère réelle de l'économie repose sur une fausse dichotomie. Les crises financières qu'ont connues certains pays ont été finalement surmontées, grâce à l'intervention du FMI. Les institutions financières internationales sont désormais très vigilantes et semblent avoir eu jusqu'ici une assez bonne maîtrise de la situation. Quant à la taxe Tobin, elle n'est pas près d'être adoptée par les principales puissances financières du monde, ce qui revient à la considérer comme chimérique.

Par-dessus tout, certains critiques de la mondialisation font peu de cas, semble-t-il, de l'énorme gain que procure le commerce international à chacune des économies participantes. Ces gains de l'échange sont réciproques, et ils sont depuis longtemps expliqués par la théorie des avantages comparatifs : chaque pays, même apparemment le moins bien pourvu en ressources, peut conclure avec ses partenaires commerciaux des marchés qui lui soient profitables ; en d'autres termes, le commerce international est un jeu à somme positive.

Dans ces conditions, on est conduit à penser que l'hostilité dont le capitalisme et le libéralisme sont l'objet repose en fait sur des fondements irrationnels, de l'ordre du réflexe ou d'une attitude vitale instinctive. Encore faudrait-il en identifier la nature.

Un anticapitalisme viscéral ?

La question peut en effet se poser en ces termes. La très grande violence déployée physiquement ou en paroles chaque fois que cette hostilité a l'occasion de se manifester traduit clairement une prise de position passionnelle. Les manifestations sont multiples, et elles éclatent dans de nombreux pays sous les prétextes les plus divers. On peut citer plusieurs exemples frappants, sans qu'il soit question d'en faire un recensement exhaustif.

Les grandes réunions internationales depuis 1999, comme celle de l'OMC à Seattle, celle du Forum de Davos, ou encore les réunions du FMI ou de la Banque mondiale, celles des sommets européens (comme Nice en 2000), sont immanquablement animées par des manifestants pittoresques et parfois très violents dont les mots d'ordre sont variés : tantôt il s'agit de manifester contre le chômage, tantôt contre la pollution, contre le nucléaire, pour les immigrés clandestins, pour le droit au logement, contre les *fast foods*. Certaines ONG ne manquent pas à ces occasions de se signaler à l'attention du public, et toutes ces composantes, si hétéroclites qu'elles soient, interviennent simultanément. La cible de leurs attaques est généralement constituée par l' « argent-roi », le profit, l'agriculture productiviste, l'énergie nucléaire, la mondialisation, l'idéologie « néolibérale », le pouvoir oppresseur des États-Unis et de leurs paravents que sont le FMI, la Banque mondiale et l'OMC. Outre le tiers-mondisme, l'anti-américanisme tient, au sein de ces mouvements hétéroclites, une place centrale : nombreux sont ceux qui rêvent de poursuivre sous forme idéologique et contre les États-Unis la guerre froide que les ex-pays socialistes ne sont plus en mesure de conduire.

Entre autres singularités de ces mouvements, il est surprenant de constater que l'écologie est devenue une machine de guerre contre le capitalisme. Ce n'est en effet que dans les pays capitalistes que l'on prend l'écologie au sérieux. Les pays du « socialisme réel », quant à eux, étaient les plus grands pollueurs de la planète, pour une raison bien simple : il n'existait pas d'opinion publique qui pût s'y exprimer et constituer un contrepoids au pouvoir du Parti. Pendant ce temps, des organisations comme Greenpeace réservaient leurs flèches aux pays occidentaux. Parmi les protestataires les plus éloquents figurent d'autre part les syndicats du secteur public et de la fonction publique. On sait qu'en France ils sont traditionnellement hostiles au libéralisme et, d'une façon plus générale, au capitalisme dont les libéraux sont censés défendre les intérêts. Certes, peu de mouvements se réclament encore du communisme, mais l'effondrement de ce dernier a laissé des orphelins inconsolables : l'antilibéralisme constitue leur ciment intellectuel le plus solide.

Le marxisme, bien qu'il ait cessé d'inspirer officiellement les partis socialistes occidentaux, a cependant laissé des résidus qui s'expriment parfois de la façon la plus étrange, sous forme de réflexes et d'interdits. Il en est ainsi du tabou qui frappe en France la notion de retraite par capitalisation, dont la seule mention suscite une levée de boucliers. La seule explication de cette hostilité est que cette formule est associée à un concept d'accumulation du capital dont l'idée même fait horreur à ceux qui continuent de l'assimiler à l'exploitation de l'homme par l'homme. Comme on ne pourra pas très longtemps échapper à cette nécessité désormais admise par la plupart des pays européens, il est vraisemblable qu'on résoudra le problème par un de ces procédés sémantiques dont les hommes politiques ont le secret. La constitution de fonds de pension en France permettrait de proposer à l'épargne des ménages des emplois plus constructifs que le financement des déficits publics, et elle éviterait de voir des groupes industriels français très importants tomber systématiquement entre les mains d'investisseurs étrangers à la suite d'OPA.

Cette hostilité au libéralisme est, si on l'étudie de près, extrêmement paradoxale. Les libéraux, en effet, ont, dès l'origine, constitué en Europe une force de progrès et d'émancipation par rapport aux partis conservateurs des XVIIIe et XIXe siècles. Le libéralisme est né de la philosophie des Lumières. En matière politique, cela est évident mais cela ne l'est pas moins en matière économique et sociale. Après tout, l'abolition de l'esclavage, les grands progrès accomplis en matière de conditions du travail, de légalisation des syndicats l'ont été à l'initiative d'hommes politiques libéraux. La Sécurité sociale elle-même doit sa création à des hommes comme Bismarck, Beveridge, Pierre Laroque, qui n'étaient pas des doctrinaires socialistes[1]. Il est d'autant plus surprenant que le simple mot de « libéral » soit aujourd'hui associé à ce que le conservatisme peut receler de plus impitoyable et de plus inhumain. Si l'on veut expliquer ce paradoxe, il faut probablement attirer l'attention sur deux illusions communes : celle des bonnes intentions et celle de la volonté.

1. Bismarck était conservateur et William Beveridge appartenait au Parti libéral. L'action de Pierre Laroque a été celle d'un grand commis de l'État, en dehors de toute allégeance politique.

Les bonnes intentions. – Il ne manque pas d'intellectuels prestigieux et d'autorités spirituelles pour renvoyer dos à dos les systèmes totalitaires et le système capitaliste. La condamnation des systèmes totalitaires va de soi : les horreurs qui se sont commises sous leur inspiration en plein XXe siècle suscitent encore une légitime indignation.

On peut en revanche s'interroger sur ce qui justifie la réprobation morale dont le capitalisme est l'objet. Peut-on lui assigner la responsabilité de quelques grands crimes historiques ? Les grands massacres dont le XXe siècle a été témoin ne peuvent guère lui être imputés. Les idéologies communiste et national-socialiste se sont incarnées dans des systèmes totalitaires qui lui sont restés profondément étrangers et qui, d'ailleurs, le prenaient pour cible. À son actif, au contraire, peut être portée l'élévation sans précédent du niveau de vie de vastes populations. Il est difficile de relire sans sourire ce qu'écrivait Marx à la fin du *Manifeste* pour exhorter les prolétaires à faire la révolution : « Les prolétaires ne risquent d'y perdre que leurs chaînes » (1848, p. 194).

Marx était certes très lucide quant à la réalité de la révolution industrielle, mais l'esprit même de la « domination bourgeoise » lui inspirait une profonde révulsion qui, depuis, a été partagée même par des gens qui ne se reconnaissent pas comme des marxistes : « Partout où elle (la bourgeoisie) est parvenue à dominer, elle a détruit toutes les conditions féodales, patriarcales, idylliques. Impitoyable, elle a déchiré les liens multicolores qui attachaient l'homme à son supérieur naturel, pour ne laisser subsister d'autre lien entre l'homme et l'homme que l'intérêt tout nu, le froid "paiement comptant". Frissons sacrés et pieuses ferveurs, enthousiasme chevaleresque (...), elle a noyé tout cela dans l'eau glaciale du calcul égoïste » (*ibid.*, p. 163-164).

On reconnaît dans ces lignes, parmi les plus brillantes que Marx ait jamais écrites, l'horreur qu'avait déjà inspirée à Virgile l'*auri sacra fames,* l'amour de l'argent et du profit. C'est un thème constamment repris par les prédicateurs religieux et par les orateurs politiques ; ils flétrissent, sous le terme d' « argent », l'amour immodéré des biens matériels, l'égoïsme et, plus généralement, un individualisme qui se désintéresse des valeurs collectives[1].

C'est là une position très respectable, à laquelle on peut seulement adresser deux reproches.

En premier lieu, il est fort injuste de réduire le capitalisme à l'état d'une machine vouée à produire des biens et des services, sans aucune préoccupation éthique. Nous avons vu, au contraire (chap. III), qu'il existe un lien étroit entre le capitalisme et les valeurs de liberté, au point non seulement que le capitalisme ne peut pas fonctionner correctement en dehors d'un système démocratique, mais encore qu'un système démocratique implique nécessairement l'exercice de libertés économiques, autrement dit le capitalisme. Nous avons vu au demeurant que l'état de droit ne peut pas se réaliser en dehors du respect des lois par les citoyens ; ce respect signifie que les citoyens acceptent implicitement et en majorité de se conformer à des normes éthiques telles que le respect du bien et de la personne d'autrui, de la parole donnée et le refus de

1. On ne manquera pas de citer, car il est typique de cette position, le livre qu'a publié en 1994 Viviane Forrester sous le titre *L'horreur économique.* Le succès de cet ouvrage, dont le contenu scientifique est extrêmement réduit, montre bien qu'il s'agit d'un point très sensible dans l'esprit de nos contemporains.

la corruption. Il ne s'agit pas là, simplement, de règles juridiques, mais bien de règles morales. Si les hommes n'y adhéraient pas dans leur immense majorité, il faudrait placer un policier ou un juge derrière chaque citoyen.

D'autre part, cette condamnation morale du capitalisme repose sur un contresens fondamental quant à l'analyse des actions humaines par l'économiste. L'erreur consiste à juger une action non pas sur ses effets mais sur la nature des intentions qui l'inspirent. Les bonnes intentions... L'enfer en est pavé. On peut, avec les meilleures intentions du monde, provoquer des catastrophes, et c'est précisément ce que le communisme a fait au XXe siècle. Inversement, non seulement il n'est pas nécessairement criminel de se soucier de son intérêt personnel, mais la mise en concurrence d'acheteurs et de vendeurs dont chacun poursuit son avantage individuel peut fort bien concourir à atteindre un résultat global satisfaisant. La métaphore de la main invisible d'Adam Smith, qu'il est à la mode de tourner en dérision, avait précisément le mérite de distinguer le domaine de la morale et celui des interactions économiques.

On doit même étendre cette réflexion à toutes les interactions sociales : aucune science sociale ne serait possible si l'on n'admettait pas d'emblée qu'il faut distinguer les intentions et les résultats. C'est parce que la liberté de chacun est limitée par celle des autres que cette distinction est indispensable : les effets pervers, c'est-à-dire non intentionnels, des actions politiques seraient incompréhensibles autrement. Il s'agit, en somme, d'un phénomène systémique puisqu'un système n'est jamais qu'un ensemble de variables interdépendantes. C'est justement pour cela que la volonté des gouvernements les mieux établis rencontre des limites.

Les illusions de la volonté. – C'est une tentation intellectuelle évidente, pour qui n'a pas été formé à l'économie, de croire qu'il suffit de vouloir et de commander pour résoudre les problèmes. Dans des pays qui ont longtemps vécu sous un régime d'économie administrée, la tentation devient irrésistible. Les prix ont-ils tendance à s'emballer ? On bloquera les prix. Le prix des logements tend-il à les mettre hors de la portée des ménages les plus modestes ? On décrétera un blocage ou un encadrement des loyers. Y a-t-il du chômage ? Le gouvernement, d'autorité, créera des emplois, ou il décidera de partager les emplois existants afin de donner du travail à tout le monde, ou encore il interdira les licenciements. Si le nombre des pauvres est jugé trop important, on prendra l'argent « là où il se trouve », c'est-à-dire chez les ménages aisés, dans les entreprises bénéficiaires ou chez ceux « qui s'enrichissent en dormant ». Ces exemples sont à peine caricaturaux. Chacun d'entre eux illustre des mesures qui ont été prises – ou sont préconisées – à telle ou telle époque ou dans tel ou tel pays. Elles correspondent, dans l'esprit d'un large public, à une évidence de bon sens.

Or il s'agit là d'une illusion : chacune des mesures évoquées ci-dessus entraîne des effets pervers : le contrôle des prix asphyxie les entreprises, fait disparaître les produits et provoque le marché noir. Le blocage des loyers déséquilibre le marché du logement locatif et crée dans ce secteur des pénuries qui peuvent être de longue durée. La création systématique d'emplois dans le secteur non marchand alourdit les charges publiques : un salarié qui y est recruté l'est pour trente ans. Le partage du travail peut dans un premier temps donner l'illusion que l'on crée des emplois ; à plus long terme, on finira par s'apercevoir qu'il met en déséquilibre les régimes sociaux (l'assurance vieillesse, par exemple) ou les finances publiques, et qu'il devient un obstacle à la croissance. Rendre plus difficiles les licenciements incite les entrepreneurs à substituer le capital au travail. Quant aux ponctions fiscales opérées sur les entreprises ou sur l'épargne des contribuables, elles induisent à terme des comportements de délocalisation des entreprises, des personnes ou des capitaux, car il ne faut jamais oublier qu'on agit dans un contexte de concurrence internationale et que les agents économiques sont parfaitement capables de faire des comparaisons.

Au fond, les principaux ennemis du capitalisme sont en premier lieu une certaine crainte de la liberté, c'est-à-dire en fait une forte aversion pour le risque. L'État continue d'être conçu par beaucoup comme le « protecteur en dernier ressort » et comme une sorte d'assureur tous risques. L'idéologie et l'inculture économique ne font que renforcer cette attitude frileuse.

En second lieu, l'aspiration à la justice sociale se manifeste trop souvent sous la forme de l'égalitarisme et d'un penchant confirmé pour la redistribution. Le personnel politique est trop soucieux de se faire réélire pour détromper l'opinion, à supposer qu'il y voie clair lui-même. Il y a là quelque chose de très insatisfaisant car les mesures les plus rentables politiquement le sont à court terme, tandis que leurs effets pervers ne se feront sentir que dans la durée. Dans l'immédiat on laissera donc le corps électoral à sa quiétude et à ses illusions. Si l'on croit à la capacité des hommes de s'instruire par l'expérience et par l'ouverture d'esprit au monde qui les entoure, une bonne part de l'hostilité dont le capitalisme est aujourd'hui l'objet *devrait* faire place à un jugement plus objectif dans les années qui viennent. Ne nous faisons cependant pas d'illusions ; les obstacles politiques à surmonter seront sans doute très difficiles. C'est, dans chaque pays, le spectacle de l'évolution du monde extérieur qui finira par faire évoluer les esprits[1].

1. Sur tous ces points, voir, dans le même sens, Éric Le Boucher (2005), IVe partie, chap. 5.

CONCLUSION

Schumpeter a perdu son pari. Malgré la cohérence d'un système auquel le régime du parti unique et une police politique particulièrement efficace semblaient promettre un long avenir, il était évident, dès les années 1970, que les économies socialistes de l'Est étaient à bout de souffle, aussi bien dans les productions civiles, dont aucune innovation n'était jamais sortie, que dans le complexe militaro-industriel, apparemment fort incapable de répondre au défi que lui lançaient les États-Unis avec leur conception de la « guerre des étoiles ». Pendant ce temps, les économies capitalistes parvenaient à surmonter les obstacles que deux chocs pétroliers successifs avaient mis en travers de leur route. Dès que Gorbatchev, à partir de 1985, essaya de réformer le système socialiste sur des points substantiels, l'ensemble s'écroula et l'URSS disparut de la carte en 1991.

La cause semble donc entendue : le capitalisme a triomphé, et l'on n'imagine pas qu'un système rival puisse désormais lui être opposé. Serait-ce, suivant la formule de l'Américain Francis Fukuyama, « la fin de l'Histoire » ? On serait tenté de le croire si l'Histoire pouvait se ramener à l'économie. L'actualité nous rappelle cependant que les conflits qui se manifestent dans le monde ont le plus souvent bien d'autres causes, qu'elles soient religieuses, idéologiques, nationalistes ou ethniques. Même en ce qui concerne l'économie, on a pu soutenir (Michel Albert [1991]) que désormais deux modèles capitalistes s'opposent : le modèle « anglo-saxon » et le modèle « rhénan ». Ce dernier modèle correspond à celui qui est très généralement adopté, non seulement par l'Allemagne mais encore par la France et par la plupart des pays d'Europe occidentale. Il s'agirait, en somme, de la social-démocratie, régime caractérisé par la combinaison de l'économie de marché et d'une forte dose d'intervention de l'État à des fins de redistribution fiscale et de protection sociale.

En réalité, même le clivage observé par Michel Albert est en passe d'être remis en question par l'évolution actuelle du monde économique. Il en est ainsi parce que le modèle rhénan – si nous lui conservons cette appellation – semble bien avoir aujourd'hui atteint ses limites, en ce sens qu'il ne peut plus laisser croître encore l'étendue de son champ d'intervention. C'est même à un mouvement de retrait que l'on assiste aujourd'hui si l'on tient compte du désengagement de l'État à l'égard des activités de production dans le secteur concurrentiel, mouvement que nous avons analysé plus haut.

Les politiques conjoncturelles d'inspiration keynésienne, qui ont été adoptées pendant longtemps par les social-démocraties, sont aujourd'hui systématiquement écartées, comme nous l'avons vu précédemment (chap. IV) ; les politiques de la demande sont de plus en plus souvent remplacées par des politiques de l'offre. Le modèle le plus influent, s'il en est un, est donc plutôt celui de l'économie américaine en matière de politique macro-économique. Il est d'autant plus admiré que, de 1992 à 2000, les États-Unis ont connu une croissance sans précédent, accompagnée d'un taux de chômage qui, en 1999, n'était plus que de 4,2 %, soit le plein emploi. Une grande part du succès obtenu par l'économie américaine sur cette longue période est souvent portée au crédit de la politique du Système fédéral de réserve sous la conduite de son président Allan Greenspan[1], de sorte que la Banque centrale européenne sera nécessairement tentée de s'inspirer de ses méthodes. Même lorsque cette longue phase d'expansion aura pris fin, comme il est inévitable, on continuera sans doute en Europe de s'inspirer du modèle américain en matière de politique conjoncturelle.

La mondialisation de l'économie force déjà le secteur marchand à emprunter aux gestionnaires américains une partie de leurs méthodes, en raison surtout de l'action des marchés financiers. Les fonds gérés par des investisseurs institutionnels américains et britanniques (fonds de pension, fonds communs de placement, compagnies d'assurances, départements d'affaires des banques) représentent déjà des masses financières considérables. Songeons que, en France par exemple, 43 % de la capitalisation de la Bourse de Paris sont dès aujourd'hui entre les mains d'investisseurs étrangers. En conséquence, la direction des groupes français cotés doit désormais se plier aux méthodes américaines de présentation des comptes, respecter des règles de communication financière beaucoup plus exigeantes, voire adopter les critères de gestion en vigueur aux États-Unis, par exemple intégrer dans leurs objectifs la création de valeur. Ce qui est vrai de la France l'est aussi, bien entendu, de ses partenaires de l'Union européenne.

Quant aux gouvernements eux-mêmes, s'ils veulent s'assurer la maîtrise de leur politique conjoncturelle,

1. Greenspan a pris sa retraite en février 2006.

il leur faut disposer non seulement de l'instrument monétaire, mais aussi de leur politique budgétaire. Or l'utilisation efficace de l'instrument budgétaire suppose que l'on dégage des excédents budgétaires en phase d'expansion, ce qui implique un rétrécissement marqué du champ d'intervention directe de l'État.

Est-ce à dire que, désormais, tous les pays industrialisés observeront les mêmes normes, que plus rien ne viendra distinguer les pays du « capitalisme rhénan » de l'économie américaine ? C'est bien peu probable : le régime économique d'un pays ne résulte pas seulement, ni même principalement, du jeu des facteurs économiques. Une quantité de traditions et de normes collectives, parfois non écrites, ont façonné ses institutions. Les pays de l'Union européenne sont déjà très différents les uns des autres, ce qui ne les a pas jusqu'ici empêchés de se soumettre à des règles communes. Parler d'un « modèle européen », en entendant par là qu'on a affaire à des pays qui sont fondamentalement des social-démocraties, constitue une grande simplification.

Cela revient à dire que les pays capitalistes sont essentiellement divers. Certes ils tendent à réduire leurs différences, et même, considérés dans leur ensemble, ils tendent à se rapprocher de certains traits caractéristiques du système américain mais ils ne seront pas pour autant contraints de recourir à des schémas identiques. En particulier, ils conserveront, sans doute pour l'essentiel, les systèmes de protection sociale auxquels ils sont attachés. En effet, un pays peut rester compétitif sans être obligé de s'aligner totalement sur les autres car ses avantages relatifs tiennent à de multiples facteurs, et pas seulement au poids de sa fiscalité et de ses charges sociales.

Si divers qu'ils soient, les pays d'Europe, d'Amérique et d'Asie conservent en commun assez de traits fondamentaux dans le fonctionnement de leur économie pour qu'on soit en droit de les englober dans le même système. S'il en est ainsi, *le* capitalisme sera bien devenu la forme économique dominante de notre modernité.

BIBLIOGRAPHIE

Les ouvrages désignés par un astérisque sont particulièrement recommandés pour une initiation.

*Albert Michel (1991), *Capitalisme contre capitalisme*, Paris, Éditions du Seuil.

Artus Patrick et Virard Marie-Paule, *Le capitalisme est-il en train de s'autodétruire ?*, Paris, La Découverte, 2005.

Bairoch Paul (1993), *Mythes et paradoxes de l'histoire économique*, trad. avec une postface de Jean-Charles Asselain, Paris, La Découverte, 1994.

*Bairoch Paul (1997), *Victoires et déboires : histoire économique et sociale du monde du XVIe siècle à nos jours*, 3 vol., Paris, Gallimard.

*Bienaymé Alain (1992), *Le capitalisme adulte*, Paris, PUF.

*Braudel Fernand (1979), *Civilisation matérielle, économie et capitalisme, XVe-XVIIIe siècle*, 3 vol., Paris, Armand Colin.

Buchanan J. M. et Tollison G. (1972), *The Theory of Public Choice*, Ann Arbor, University of Michigan Press.

*Caron François (1985), *Le résistible déclin des nations industrielles*, Paris, Perrin.

*Caron François (1997), *Les deux révolutions industrielles du XXe siècle*, Paris, Albin Michel, coll. « L'évolution de l'humanité ».

Cipolla Carlo (1976), *Before the Industrial Revolution : European Society and Economy 1000-1700*, Londres, Methuen & Co. Ltd.

Coase Ronald Henry (1960), The Problem of Social Cost, *Journal of Law and Economics*, octobre.

*Cohen Daniel (1999), *Nos temps modernes*, Paris, Flammarion.

Cohen Élie, *Le nouvel âge du capitalisme*, Paris, Fayard, 2005.

*Crouzet François (2000), *Histoire de l'économie européenne 1000-2000*, Paris, Albin Michel.

*Drancourt Michel (1998), *Leçon d'histoire sur l'Entreprise de l'Antiquité à nos jours*, Paris, PUF, coll. « Major ».

Galbraith John Kenneth (1967), *The New Industrial State*, Boston, Houghton Mifflin.

Gimpel Jean (1975), *La révolution industrielle du Moyen Âge*, Paris, Éditions du Seuil.

*Guesnerie Roger (1996), *L'économie de marché*, Paris, Flammarion, coll. « Dominos ».

*Hayek Friedrich August von (1944), *The Road to Serfdom*, trad. G. Blumberg, *La route de la servitude*, Paris, PUF, coll. « Quadrige », 2e éd., 1993.

Hirschman Albert O. (1958), *The Strategy of Economic Development*, New Haven, Yale University Press.

Jessua Claude (1991), *Histoire de la théorie économique*, Paris, PUF.

*Landes David S. (1969), *The Unbound Prometheus*, Cambridge, Cambridg University Press, trad. fr. *L'Europe technicienne*, Paris, Gallimard, 1975.

*Landes David S. (1998), *The Wealth and Poverty of Nations. Why some are so Rich and some so Poor,* Londres, Little, Brown & Co., trad. fr. *Richesse et pauvreté des nations,* Paris, Albin Michel, 2000.
Le Boucher Éric (2005), *Économiquement incorrect,* Paris, Grasset.
Maddison Angus (1982), *Phases of Capitalist Development,* Oxford, Oxford University Press.
*Maddison Angus (1995), *L'économie mondiale 1820-1992. Analyse et statistiques,* Paris, OCDE.
*Maddison Angus (2001), *L'économie mondiale. Une perspective millénaire,* Paris, OCDE.
Marx Karl (1848), *Le Manifeste communiste,* trad. Maximilien Rubel, in *Œuvres économiques,* vol. I, Paris, Gallimard, « La Pléiade », 1963.
Mougeot Michel (1989), *Économie du secteur public,* Paris, Economica.
Musgrave Richard A. (1979), *The Theory of Public Finance,* New York, McGraw Hill.
North Douglass C. et Thomas Robert Paul (1973), *The Rise of the Western World. A New Economic History,* Cambridge, Cambridge University Press.
Nothomb Pierre et Caprasse Jean-Nicolas (1998), Évolution du *corporate governance* en Europe : étude comparative, *Reflets et perspectives de la vie économique,* 3e trimestre, reprod. in *Problèmes économiques,* n° 2606, 1999.
*Pondaven Claude (1995), *Économie des administrations publiques,* Paris, Cujas.
*Rioux Jean-Pierre (1971), *La révolution industrielle 1780-1880,* Paris, Éditions du Seuil.
*Salin Pascal (1995), *La concurrence,* Paris, PUF, coll. « Que sais-je ? », n° 1063.
Schumpeter Joseph Alois (1912), *Théorie de l'évolution économique,* trad. fr. avec une introd. de François Perroux, Paris, Dalloz, 1935.
Schumpeter Joseph Alois (1918), *Die Krise der Steuerstaates,* trad. *La crise de l'État fiscal,* in *Impérialisme et classes sociales,* présent. par Jean-Claude Passeron, Paris, Flammarion, coll. « Champs », 1984.
Schumpeter Joseph Alois (1939), *Business Cycles. A Theoretical, Historical and Statistical Analysis of the Capitalist Process,* 2 vol., New York, Mac Graw Hill.
*Schumpeter Joseph Alois (1942), *Capitalisme, socialisme et démocratie,* trad. fr., Paris, Payot, 1951.
*Simonnot Philippe (1998), *39 leçons d'économie contemporaine,* Paris, Gallimard, coll. « Folio ».
Valéry Nicholas (1999), Innovation in Industry, *The Economist,* 20 février.
*Verley Patrick (1997), *La révolution industrielle,* Paris, Gallimard, coll. « Folio-Histoire ».
Weber Luc (1978), *L'analyse économique des dépenses publiques,* Paris, PUF.
Weber Luc (1991), *L'État, acteur économique : analyse économique du rôle de l'État,* 2e éd., Paris, Economica.
Weber Max (1904), *L'éthique protestante et l'esprit du capitalisme,* trad. et présent. par Isabelle Kalinowski, Paris, Flammarion, coll. « Champs », 2000.
Woodall Pam (1996), The Hitchhiker's Guide to Cybernomics, *The Economist,* 28 septembre.
Woodall Pam (2000), Untangling e-conomics, *The Economist,* 23 septembre.

TABLE DES MATIÈRES

VILLEBON-sur-YVETTE
Médiathèque
Municipale
91140 (Essonne)

Imprimé en France
par Vendôme Impressions
Groupe Landais
73, avenue Ronsard, 41100 Vendôme
Mai 2006 — N° 53 021